16	3	2	13
5	10	11	8
9	6	7	12
4	15	14	1

Safo

FRAGMENTOS COMPLETOS

Edição bilíngue

Organização, tradução, introdução e notas
Guilherme Gontijo Flores

Revisão técnica
Leonardo Antunes

editora■34

EDITORA 34

Editora 34 Ltda.
Rua Hungria, 592 Jardim Europa CEP 01455-000
São Paulo - SP Brasil Tel/Fax (11) 3811-6777 www.editora34.com.br

Copyright © Editora 34 Ltda., 2017
Tradução © Guilherme Gontijo Flores, 2017

A FOTOCÓPIA DE QUALQUER FOLHA DESTE LIVRO É ILEGAL E CONFIGURA UMA
APROPRIAÇÃO INDEVIDA DOS DIREITOS INTELECTUAIS E PATRIMONIAIS DO AUTOR.

Imagem da capa:
*Detalhe de um busto romano de Safo encontrado em Esmirna,
cópia em mármore de um original do período helenístico,
Museu Arqueológico de Istambul*

Capa, projeto gráfico e editoração eletrônica:
Bracher & Malta Produção Gráfica

Revisão:
*Leonardo Antunes
Cide Piquet*

1ª Edição - 2017, 2ª Edição - 2020

CIP - Brasil. Catalogação-na-Fonte
(Sindicato Nacional dos Editores de Livros, RJ, Brasil)

Safo, *c*. 630-570 a.C.
S819f   Fragmentos completos / Safo;
edição bilíngue; tradução, introdução e notas
de Guilherme Gontijo Flores — São Paulo:
Editora 34, 2020 (2ª Edição).
640 p.

ISBN 978-85-7326-670-2

Texto bilíngue, português e grego

1. Poesia grega clássica. I. Flores,
Guilherme Gontijo. II. Título.

CDD - 881

FRAGMENTOS COMPLETOS

Safo de Lesbos: corpo, corpos, *corpus*,
   Guilherme Gontijo Flores 7

Sinais gráficos utilizados.. 23

FRAGMENTOS COMPLETOS
   Livro I (1-42).. 27
   Livro II (43-52) 135
   Livro III (53-57) 163
   Livro IV (58-91) 175
   Livro V (92-101A)... 255
   Livro VI.. 291
   Livro VII (102) 293
   Livro VIII (103-103B) 297
   Livro IX (Epitalâmios) (104-117A) 305
   Fragmentos de localização incerta (118-192)..................... 337
   Alusões e referências de outros autores (193-212) 497
   Comentários antigos (213-214C) 507
   Epigramas atribuídos.. 529
   Autoria incerta entre Alceu e Safo (i.a. 3-42)....................... 537

Metros de Safo 599
Testemunhos da Antiguidade 613
Índice de nomes.. 631
Referências bibliográficas 633
Sobre Safo 637
Sobre o tradutor.. 639

Safo de Lesbos: corpo, corpos, *corpus*

Guilherme Gontijo Flores

Uma das melhores introduções a Safo de Lesbos foi escrita por Anne Carson em sua tradução integral para o inglês, *If Not, Winter* (2002). São meras cinco páginas, e delas apenas uma e meia é dedicada à explicação sobre quem foi Safo. Nada mais honesto: de fato, não conhecemos praticamente nada; fora umas poucas coisas (a saber, que foi mulher, poeta e musicista), dados que apresento aqui para um público amplo de leitores de poesia, embora o livro possa também interessar aos classicistas.

Sigamos a ordem do texto de Carson, então, complementando-o: Safo foi musicista, compôs lírica (mais precisamente, mélica, se usarmos os termos do período), poesia feita para ser cantada ao som da lira ou, talvez, ao som do bárbito, um instrumento similar, porém com encordoamento mais longo e som mais grave, ou da péctis (*pektis* em grego), um outro instrumento de corda, talvez mais próximo de uma harpa. Pelos testemunhos e fragmentos, podemos supor que compôs sobretudo a lírica monódica, aquela feita para o canto de apenas uma voz; no entanto, é possível supor que algumas peças, pelo menos, seriam da lírica coral, para canto coletivo. Nessas canções vemos várias referências ao instrumento musical e ao canto; assim como a representação que temos dela em vasos e pinturas é quase sempre acompanhada do instrumento musical. No entanto, e aí está a dor maior, toda a música de Safo se perdeu, bem como toda a música da Grécia Arcaica; a "música de Safo" é, então, um risco da recriação imaginativa ou performativa que apenas o presente pode tentar fazer, se assumir o anacronismo como condição.

Mesmo sem a música, Safo foi poeta, e, mesmo que seja impossível afirmar se ela foi letrada, o fato é que sua poesia sobreviveu num período eminentemente oral até ser compilada de modo escrito, decerto com edições críticas mais amplas a partir do século III a.C. Assim, ela também é representada por vezes lendo um papiro, que indica sua poesia escrita; por isso, ela está listada como a décima musa grega, ou musa mortal, nos epigramas da *Antologia Palatina* 7.14 e 9.506. No entanto, neste caso também não tivemos sorte; pois provavelmente, de toda sua poesia, apenas um poema nos chegou inteiro, o que hoje está numerado como fragmento 1: o resto são fragmentos em estados muito variáveis de preservação.

Sem música, com uma poesia em frangalhos, quem foi Safo? Bom, tudo indica que Safo foi uma mulher que viveu na cidade de Mitilene, a principal da ilha de Lesbos, nas últimas décadas do século VII a.C. e primeiras décadas do século VI a.C.; talvez ela tenha sido exilada por volta de 590 a.C. na Sicília, provavelmente por motivos políticos; mas não sabemos exatamente quando nasceu, ou quando morreu; porque o *corpus* da sua poesia faz pouquíssima referência aos acontecimentos históricos, ao contrário daquela atribuída a Alceu, seu conterrâneo e contemporâneo, plenamente engajado na escrita de poesia política. Comentadores antigos (cf. a seção "Testemunhos da Antiguidade") nos dão origem de família aristocrática, com nomes do pai Escamandrônimo, da mãe Cleís, dos irmãos Caraxo, Eurígio e Lárico, do marido Cércolas de Andros e da filha Cleís; mas absolutamente nada disso é atestável. Alguns dos testemunhos antigos afirmam também que Safo era baixa, morena e feia, o que é pouco confiável, ou de pouquíssima relevância. Que tinha relações sexuais com jovens garotas da ilha, que foi professora de uma escola feminina e compunha seus poemas nesse contexto de performance ritual, tais como epitalâmios, hinos, ritos de passagem, dentre outros, com um cargo de formação pedagógica feminina, que seria um espelho da instituição pederástica da pedagogia ateniense (no caso, a professora seria também uma amante da aluna, sua amada), ou uma espécie de heteria feminina (uma espécie de sororidade em paralelo à heteria masculina, que vinculava grupos políticos afins), instituição que nunca foi de fato registrada no mundo grego antigo; porém nada disso pode ser confirmado. Alguns testemunhos narram também como ela teria se jogado de um penhasco em Lêucade, ilha do mar Jônico, perdida de amor por um certo Fáon, e isso não é nada, nada confiável. Sabemos, e isso é certo, que ela, como Alceu e outros poetas que se perderam, não estava naquele tempo inventando uma tradição do nada, mas basicamente dando continuidade aos cantos da tribo, aos ritmos, modos, melodias da cultura de Lesbos; por isso, é muito improvável que a estrofe sáfica seja invenção de Safo, como quiseram muitos gramáticos antigos (uma prova é que o *corpus* de Alceu também apresenta este metro, tal como o sáfico apresenta a estrofe alcaica); muito mais provável é admitir que se trata de um ritmo que remete a muito antes da escrita na Grécia, quem sabe às poéticas indo-europeias. Nisso, o corpo sáfico, como um vetor, aponta tanto para a frente como para o passado ainda mais arcaico, realizando uma confluência. O que resta, então, é uma figura de fato mítica: uma mulher, compositora e poeta, num mundo arcaico patriarcal (atentem que, em Atenas, por exemplo, as mulheres casadas mal saíam de casa, se bem que pouco sabemos sobre as práticas de Mitilene), que, se não chegou a ser caso único, já que conhecemos outras poucas poetas gregas, tais como Corina ou Erina, é certamente única no impacto que teve. Foi imitada por poetas como Teócrito, Catulo, Horácio, Ovídio, entre outros, aparece em inúmeros tratados antigos, foi elencada como o grande exemplo do sublime por Pseudo-Longino e exerceu influência no imaginário de toda a literatura ocidental, chegando aos dias atuais como uma figura que interessa tanto ao formalismo quanto aos estudos de gênero. Num mundo arcaico, uma mulher, com poesia sobre mulheres (talvez para mulheres, talvez realmente para seduzir mulheres), alcançou o patamar do divino por meio da poesia. No mundo grego arcaico, só se equiparam a ela as épicas homéricas e o *corpus* atribuído a Arquíloco; ou seja, Safo é de fato o mel do melhor. Mas, ainda repito, quase nada sabemos sobre ela.

    E como sua obra chegou até nós? Começo pelo grande golpe: não precisamos acreditar piamente que os poemas aqui traduzidos sejam de Safo, da pessoa Safo, dessa mulher que viveu em Mitilene no século VII. Mais importante que isso é atentarmos para como funciona a autoria num mundo eminentemente oral, por isso faço um convite ao leitor: pense que os poemas, estes poemas sáficos, tiveram sua vida pela Grécia sob o nome de Safo e que, em geral, quem cantasse qualquer um deles teria, inevitavelmente, de incorporar Safo, tornar-se Safo por um átimo, tal como diz Gregory Nagy que o aedo que cantava Homero tornava-se Homero enquanto o cantava, ou tal como o jogral provençal precisa tornar-se o autor/trovador, muitas vezes seu senhor, o autor da *cansó* que ele mesmo canta, enquanto canta. Porque no mundo oral não há como estancar o canto, e Safo só pode ser Safo porque muitos corpos cantaram poemas que remetiam ao corpo de uma Safo; porque muitos corpos cantaram tornando-se essa Safo autoral, mesmo que o poema cantado nunca tenha passado efetivamente pela Safo biográfica, ou que tenha vindo até de muito antes do período arcaico e o tenha atravessado, talvez via Safo. Isso que parece aporia é, na verdade, a condição do funcionamento do *corpus* dos poetas arcaicos gregos como um todo, porque sua poesia só foi ser, de fato, sistematizada em escrita muitos anos, ou até séculos, depois da morte de cada um deles. E esse tipo de procedimento não para de acontecer; para termos uma ideia, bastaria vermos o tamanho do *corpus* poético atribuído a Cego Aderaldo (1878-1967) no Brasil; trata-se de uma figura real, e muitas vezes podemos descobrir quando tal ou tal peça passou a ser atribuída a ele, por vezes conseguimos até descobrir quem foi o verdadeiro autor da peça atribuída. Mas isso porque estamos num mundo hipercodificado, com muito acesso a informação escrita, um mundo preocupado com a definição clara de autoria, e sobretudo porque estamos muito próximos de Cego Aderaldo. Mas estamos muito longe de Safo, e mesmo um grego que morasse numa ilha distante de Lesbos, poucos anos depois, já não teria praticamente nenhum critério objetivo para avaliar a autoria efetiva dos poemas de Safo. Assim, autoria é a função que reúne os poemas diante de um sentido corporal, do corpo sáfico, passando pelos corpos cantantes sáficos, até o *corpus* sáfico que vai se formando ao longo dos séculos.

Uma questão que se apresenta então é que o corpo ali incorporado seria feminino, num mundo patriarcal que muitas vezes relegava boa parte de suas funções apenas aos homens, inclusive a música e a poesia profissional, exceção feita às *hetairas*, cortesãs que tocavam, cantavam e dançavam para os homens em banquetes e outros eventos similares. Nesse incorporar de Safo, como em qualquer poesia do mundo grego oral, o(a) cantor(a) dava sua voz à poesia sáfica para tornar-se performática e performativamente Safo; porém, ao mesmo tempo, e isso é o que mais nos interessa aqui, o inverso deveria acontecer: quem cantava também dava à voz Safo (assim, com essa crase aparentemente mal empregada), transmudava o que originalmente se cria Safo em sua própria voz, apropriava-se, colocava o próprio corpo em jogo e, com ou sem consciência disso, alterava o texto sáfico por meio do canto que, paradoxalmente, perpetuava Safo. Se pareço muito abstrato, volto ao sentido material: a melodia receberia alterações de transmissão a cada nova performance, a cada novo ouvinte que a tentasse decorar, assim como o texto, ambos guardados na memória, numa espécie de longo telefone sem fio; e mais, os timbres, tempos, modos desse canto só poderiam se dar no novo corpo, a cada nova performance, que poderia deliberadamente alterar detalhes que já não agradavam mais ao novo ouvido, ou ao público, ou a determinado contexto de performance.

Num mundo eminentemente oral, Safo sobreviveu ou se criou por uma série de corpos hoje anônimos. Mas essa série de corpos e de incorporações de algum modo permanece como tradição do que hoje nos aparece como texto, editado sem voz. É assim, depois de séculos, que sua poesia foi em algum momento editada em texto e mais tarde recebeu versões da primeira filologia helenística, já mais de trezentos anos após sua morte. E mesmo essa tradição agora textual certamente passou por muitos outros desvios: tanto por causa do *corpus* sáfico, então muito heterogêneo, quanto por causa dos editores em suas divergências; e também dos eventuais copistas, e dos copistas dos copistas, num longo trajeto de desvios que só assim puderam nos trazer uma Safo, a imagem de uma Safo possível, um corpo que entre corpos revela-se no *corpus* sáfico, tudo que resta, rastro de texto, canto incompleto.

Esta tradução é afinal uma dupla tentativa. Primeiro, organizar, tal como os editores modernos, o que é possível imaginar que tenha sido essa edição helenística de Safo; em outras palavras, Safo, aquela biográfica, está fora dos nossos sonhos editoriais, afinal, como editar a voz perdida? Segundo, esta tradução almeja recriar uma potencialidade da voz perdida, dar à voz Safo. Reparem, não desejo aqui dar voz a Safo — talvez ao *corpus* —, mas dar Safo à voz, permitir que a potencialidade vocal daqueles ritmos antigos, que estão inscritos na própria língua grega, em seus jogos de sílabas longas e breves, possam ser reencenados em português (cf. "Metros de Safo"). Assim, algo neste livro, como a própria poesia sáfica, almeja apontar para fora de todo o livro, para a garganta de quem queira cantar. Isso eu mesmo tenho feito, por vezes solo, por vezes com o grupo de performance Pecora Loca, sediado em Curitiba, junto com Rodrigo Gonçalves e alguns alunos da Universidade Federal do Paraná, que se arriscam a vocalizar as chances do mundo antigo. Lá Safo se canta. Aqui se escreve. Não há por que escolher só um lado da dicotomia.

Traduções de Safo

Safo já recebeu inúmeras traduções em português, sobretudo os frags. 1, 16 e 31, que estão em melhor estado e são verdadeiras pedras de toque da poesia grega. Não pretendo aqui avaliar os resultados de traduções tão diversas e interessantes como as de Jaa Torrano (2009), que verteu apenas os três poemas mencionados, ou de Pedro Alvim (1992), que fez uma seleção um pouco mais ampla, ou a recentíssima antologia de Trajano Vieira (2017), com quarenta fragmentos sáficos, nem as dos inúmeros que verteram fragmentos em revistas, blogs e capítulos de livro. Um maravilhoso *tour de force* seria imitar em português o gesto de Philippe Brunet, que editou 100 traduções diferentes em francês do frag. 31, realizadas ao longo de cinco séculos de língua em *L'égal des Dieux: cent versions d'un poème de Sappho* (2008). Gostaria no entanto de mencionar, mesmo que brevemente, quatro trabalhos incontornáveis, em ordem cronológica.

Em primeiro lugar, a tradução de Alvaro A. Antunes, de 1987, *Safo: tudo que restou* é uma pequena pérola da tradução poética em português que, infelizmente, permanece esgotada depois de ter saído na mínima editora Interior Edições, que parece ter sido do próprio tradutor. Trata-se de uma empreitada radical, com imensa influência dos poetas concretos e de suas práticas tradutórias — em geral sob o auspício do *make it new* de Ezra Pound —, o que pode ser confirmado desde a dedicatória a Augusto de Campos. Por força de brevidade, cito as duas primeiras estrofes do frag. 31 como mero exemplo:

> parece-me um dos deuses ser o homem
> sentado ali à tua frente — e perto
> e cada vez mais perto — ouvindo a tua
> voz de mel-canção;
>
> a maga má que fala no teu riso,
> que faz meu coração saltar insano,
> se ao teu olhar, audaz entrego o meu,
> míngua a minha voz

As estrofes construídas com decassílabos e pentassílabos são um primor de sonoridade incontestável, e creio que nem preciso explicitar trechos. No entanto, Alvaro Antunes parece ser levado demais pelo ímpeto da sonoridade, tende a eleger a paronomásia jakobsoniana como o critério definitivo de poética. Assim, vai inserindo detalhes no texto, tais como "cada vez mais perto" (ausente do original), ou a imagem da "mel-canção" (onde temos apenas uma "doce voz" que nada sugere de canto); depois, ainda, transforma a amada em "maga má", onde temos apenas um "riso desejoso" ou "atraente"; por fim, lê no sétimo verso uma entrega audaz de olhares que pouco tem a ver com a imagem simples de Safo "quando te vejo". Em resumo, Antunes, em nome de um certo ideal formalista de poesia, tira a leveza de Safo (aquilo que David Campbell chama de "claridade da linguagem e simplicidade do pensamento", 2003 [1982], p. 261) e ameaça torná-la uma trocadilhesca. Nada parece ser mais distante da melopeia sáfica, embora os resultados em português sejam poemas muitas vezes vigorosos; e assim ficamos com uma Safo que poderia evocar as famosas *belles infidèles* francesas.

O segundo trabalho é a tradução de Joaquim Brasil Fontes (2002 [1991]), que até o momento era a única edição completa dos fragmentos disponível e editada em português. Creio que suas soluções, em geral, numa total contraposição ao trabalho de Antunes, não conseguem convencer o leitor moderno da vitalidade da poesia sáfica; e elas não precisam mesmo, já que nem se anunciam como uma empreitada poética, muito menos radical, de leitura desses fragmentos. Como exemplo, cito as mesmas estrofes, que Brasil Fontes edita como frag. 2:

> Parece-me ser igual dos deuses
> aquele homem que, à tua frente
> sentado, de perto, tua voz deliciosa
> escuta inclinando o rosto
>
> e este riso luminoso que acorda desejos — ah! eu juro
> meu coração no peito estremece de pavor
> no instante em que eu te vejo: dizer não posso mais
> uma só palavra;

De pronto se vê que o verso é um mero serviço de consulta em relação ao original; nada justifica sua disposição, seja por ritmo, escolha lexical, sintaxe etc.; de modo similar, a melopeia sáfica aparece como um fantasma de sua possibilidade, sobretudo nos versos frouxos e alongados da segunda estrofe. Mas basta, não cobro aqui o que o tradutor não quis oferecer; seu trabalho permanece importante como o principal difusor da poesia sáfica no Brasil.

O terceiro trabalho que gostaria de comentar são as traduções de Giuliana Ragusa, que vêm aparecendo em livro pelo menos desde 2005 em seus estudos sobre a lírica de Safo. Ragusa, como Brasil Fontes, afirma não pretender recriação poética, mas somente uma leitura adequada para seus estudos filológicos, de altíssimo nível, diga-se de passagem; além disso, traduziu apenas seleções, que ela própria comenta, por exemplo, em *Lira grega* (2013, pp. 93-130) ou em *Safo de Lesbos: Hino a Afrodite e outros poemas* (2011). Cito o mesmo trecho em sua versão:

> Parece-me ser par dos deuses ele,
> o homem, que oposto a ti
> senta e de perto tua doce
> fala escuta,
>
> e tua risada atraente. Isso, certo,
> no peito atordoa meu coração;
> pois quando te vejo por um instante, então
> falar não posso mais,

O mero contraste deixa claro que, se não se pretende poética, sua tradução nem por isso deixa de ter valor. O verso livre empregado por Ragusa gera muitos efeitos sonoros, aliterações ("PAReCE-me SER PAR Dos Deuses ele", já no primeiro verso), assonâncias etc. Além disso, Ragusa nunca se deixa cair naquele alongamento explicativo de Brasil Fontes, mas recria uma densidade poética adequada ao trabalho filológico, ainda que nunca ouse voos poéticos que se aproximem dos resultados de Alvaro Antunes.

Por fim, gostaria de citar o trabalho de Leonardo Antunes, que não tem se detido na lírica de Safo, porém passou por ela enquanto desenvolvia um trabalho — que considero já fundamental — de recriação dos metros da lírica antiga em português (2011). Seu projeto, diverso do de Alvaro Antunes, é de usar metros em português que permitam uma performance vocal no mesmo ritmo dos metros gregos. Vejamos então o mesmo trecho, que pode ser escutado acompanhado de violão (cf. <https://www.youtube.com/watch?v=_CxNIAXbuA4>):

> Ele me parece ser par dos deuses,
> O homem que se senta perante ti
> E se inclina perto pra ouvir tua doce
>   Voz e teu riso
>
> Pleno de desejo. Ah, isso, sim,
> Faz meu coração 'stremecer no peito.
> Pois tão logo vejo teu rosto, a voz eu
>   Perco de todo.

Leonardo Antunes tenta o equilíbrio difícil entre o rigor acadêmico e a aventura poética da tradução, com um resultado no mínimo interessante. Entre as aliterações de "PAReCE SER PAR" e as assonâncias de "plEnO dE dEsEjO", ou "pErcO dE tOdO", ele ainda evita alongamentos desnecessários (efeito certamente reforçado pela escolha métrica, como no caso de Alvaro Antunes) e explicações ou enxertos. Como já expus na minha tese de doutorado (Flores, 2014), só lamento que Antunes ainda não tenha levado seu projeto à radicalização rítmica prometida: isso fica mais claro nos finais dos versos 2 e 5, que terminam em oxítonas, quando o ritmo grego demandaria paroxítonas, ou então um encontro atípico como "voz eu", do v. 7. Não tenho espaço aqui para tratar da filigrana rítmica do debate, mas posso louvar que em breve deve sair sua tradução completa de Anacreonte e das *Odes Anacreônticas*, que busca realizar esse rigor entre filologia, poesia e rítmica, a ser recriado via performance vocal.

É diante desses quatro trabalhos incontornáveis que venho apresentar mais uma tradução, e gostaria de simplificar muito aqui sua justificativa. Creio que ela se dá em três planos principais. O primeiro, como todos sabem, é que desde as traduções integrais de Alvaro Antunes e de Joaquim Brasil Fontes, novos fragmentos apareceram em papiros recém-descobertos, alguns em excelente estado, como é o caso do fragmento 58C; por isso, suas traduções, independente do valor, já não estão mais completas e carecem de alguns poemas importantíssimos do *corpus* atual, tais como os fragmentos 26A, 26B ou 58C. Em seguida, como tentei demonstrar, as traduções poeticamente mais felizes são ou um tanto desinteressadas pela especificidade histórica da poética sáfica (caso de Alvaro Antunes), ou pouco radicais em seus resultados interessantes (Giuliana Ragusa), ou então são extremamente parciais na seleção (Leonardo Antunes) por serem parte de um projeto diverso. Por último, nunca houve em português uma tentativa de tradução integral de Safo que mantivesse os padrões rítmicos gregos, já que o único caso, o de Leonardo Antunes, é, como vimos, parcial. Sendo assim, tento aqui um meio termo — e que esse meio em nada seja medíocre — entre os projetos de Alvaro Antunes e Leonardo Antunes; entre dois Antunes, busco manter o ritmo arcaico, recriar o sentido com certo rigor filológico, porém aberto ao risco poético da escrita no presente. Não se trata, fique claro, de servir a dois mestres contraditórios e terminar por não servir ninguém; penso que seja exatamente uma reflexão sobre a poética antiga que não passe só pelo formalismo, nem pela exclusividade filológica. Creio que essa fusão, em sua radicalidade, já foi aventurada pelos concretistas em seus melhores trabalhos, que infelizmente nem sempre recebeu a devida atenção e que não cabe comentar aqui, mas que talvez tenha seu auge na poesia de Arnaut Daniel vertida por Augusto de Campos ou no *Coup de dés* de Mallarmé por Haroldo de Campos.

Sobre a edição

Sigo, na maioria dos casos, a edição de David Campbell (1994 [1990]), editada pela coleção Loeb e acompanhada de tradução e notas; no entanto, como o estado dos fragmentos é muito delicado, por vezes opto pelas soluções de Eva-Maria Voigt (1971), ainda a edição crítica mais mencionada pelas minúcias e variantes editoriais), ou as propostas por Philippe Brunet (1991) em sua tradução francesa, que apresenta uma série de escolhas mais ousadas de organização textual; assim, sempre que fujo ao texto de Campbell, aviso nas notas. Para além dessas edições e traduções, consultei ainda alguns trabalhos em outras línguas, como italiano, espanhol, alemão, e também em português, que podem ser conferidos nas referências bibliográficas deste volume. Cabe então informar ao leitor que não está acostumado com as edições de textos antigos alguns problemas mais importantes da tarefa editorial.

Em primeiro lugar, a numeração e ordenação dos fragmentos desta edição. Cada editor pode seguir critérios muito diversos, mas, no caso de Safo, praticamente todos os modernos tentam obedecer à mesma lógica: restituir o modo como foram editados os livros atribuídos a Safo de Lesbos no período helenístico, *c*. século III a.C., ou seja, cerca de trezentos anos após a morte da poeta. Isso se dá porque os fragmentos diretos (que explico adiante) dos papiros nos mostram que os filólogos helenísticos, quando decidiram reunir o *corpus* sáfico em nove livros, optaram por separar os poemas por metro. Assim, o Livro I, por exemplo, apresenta apenas poemas em estrofe sáfica, o Livro II é composto por glicônicos, e assim por diante, de modo que somente o IX, reunido pelo gênero epitalâmio, teria metros mais variados (para mais detalhes cf. "Metros de Safo"). E mais, podemos por vezes saber a ordem em que alguns deles estavam dentro de um determinado livro, quando um papiro mais longo aparece; assim, se não é possível restaurar a performance arcaica em seus detalhes, podemos ao menos tentar entender um pouco melhor como os períodos subsequentes decidiram organizar a poesia atribuída a Safo, ou seja, como formalizaram o *corpus* que tinham em mãos. Sigo então a numeração de Campbell, que em geral parte de e concorda com a de Voigt, que por sua vez já seguia boa parte do que fora estabelecido por Lobel-Page (1997 [1955]) (trata-se, afinal, de uma tradição editorial).

Em segundo lugar, nós temos dois tipos de fragmentos da poesia lírica arcaica e, portanto, também de Safo. Sua proveniência muitas vezes faz toda a diferença.

Fragmentos diretos: são aqueles que nos chegaram por meio de papiros, inscrições, vasos antigos etc., e, assim, nos dão uma mostra material de como esses textos circulavam na Antiguidade. No caso de Safo, temos peças a partir do século III a.C., porém a imensa maioria é dos séculos I-II d.C., ou seja, a uma distância de mais de 600 anos do período em que a poeta teria vivido. Como o tempo é implacável, esses fragmentos costumam estar em estado muito delicado, por vezes deplorável. Isso gera muitas diferenças editoriais: alguns editores, como Voigt, preferem manter as lacunas como estão e completar o mínimo possível; outros, como Campbell, preferem incluir conjeturas recentes, que podem nos auxiliar a imaginar aquilo que não nos chegou materialmente. Esse é um dos motivos pelos quais sigo Campbell; ele reúne e apresenta uma série de conjeturas, feitas por diversos estudiosos, no mínimo interessantes para inúmeras lacunas.

Fragmentos indiretos: são as citações que temos por meio de gramáticos, comentadores, lexicógrafos e outros mais, que foram por sua vez copiados ao longo do Medievo e assim chegaram até nós. No entanto, se estes fragmentos costumam estar em melhor estado, não podemos nos esquecer de que, como são citações, e em geral as citações na Antiguidade eram feitas de cabeça, o que temos não é de todo confiável, mas sim uma leitura de outra leitura, confiada à memória de determinado autor, que pode estar de cem a mil anos de distância de Safo. Nesses casos, ainda, os editores podem seguir tradições manuscritas diferentes, interpretar trechos de modo diverso, ou mesmo apresentar conjeturas para passagens que parecem corrompidas, ou estranhas.

Como se não bastasse, além deles, há ainda alusões e referências feitas por outros autores, que não necessariamente citam um trecho da poeta, porém parafraseiam seus temas, práticas, ideias de performance etc. e que assim nos ajudam a imaginar a formação desse *corpus*. Há ainda epigramas tardios, que muito provavelmente nem são convincentes como obras de Safo, mas partilham dessa assinatura oral; e mais, há também os fragmentos de autoria incerta entre Safo e Alceu; por fim, e não menos importante, há uma gama de testemunhos acerca da poesia sáfica, de biografias antigas e críticas literárias a manuais de métrica e léxicos. Por isso, fiz questão de anotar a cada fragmento sua procedência, explicar alguns nomes, aspectos culturais e o que mais julgasse importante, porém de modo sucinto, para não atravancar a leitura. Muito embora seja uma praxe entre os estudiosos de Clássicas, em verdade uma exigência básica, esse ponto importante da edição anotada costuma ser deixado de lado quando se trata de traduções poéticas. A meu ver, no entanto, a tradução poética pode conviver com o rigor acadêmico e, mais, pode fazer dos problemas materiais do texto um lugar para a discussão da poética, que, nesse caso, aponta para uma poética do fragmento. Claro que não fui nem minimamente exaustivo, pois penso que, nesse aspecto, trabalhos como os de Ragusa são muito mais precisos e detalhados. O que mais interessa no caso da poesia grega arcaica tal como aqui a encaro em tradução, como já disse, é lembrar que convivemos com um *corpus* que faz da assinatura seu corpo; em outras palavras, o que temos de Safo é uma reunião do que foi sendo atribuído a Safo ao longo de séculos, seja por poetas, músicos,

Papiro Oxirrinco 7, séc. III a.C., da British Library, com o fragmento 5 de Safo. Os papiros descobertos no fim do século XIX na cidade de Oxirrinco compõem boa parte do que se conhece hoje da produção da poeta. A cidade, a terceira maior do Egito no período helenístico, situada 160 km ao sul do Cairo, ficava junto a um canal, afastada do leito principal do rio Nilo. O canal secou, o que acabou preservando os papiros descartados em um depósito de areia no local.

filólogos etc.; e é com esse aglomerado heterogêneo que temos de lidar, por meio de edições modernas muitas vezes contraditórias.

Em terceiro lugar, na tradução tentei manter, tanto quanto possível, as palavras hipotéticas, os trechos em disputa, os provavelmente corrompidos etc. na mesma simbologia do original (cf. "Sinais gráficos utilizados"), de modo que o leitor possa ter, também em português, a percepção de que lida diretamente com um fragmento instável. Em geral traduções poéticas, em nome da fluidez, deixam a maior parte dos sinais de lado, como é o caso da tradução de Alvaro Antunes em português e a de Anne Carson em inglês; porém quero imaginar aqui uma poética radical do fragmento, uma experiência similar à que podemos ter diante das estátuas da Vênus de Milo ou da Vitória de Samotrácia; nesses casos, é o próprio fragmento que nos interessa; e, no caso específico de Safo, é impressionante como alguns deles podem virar verdadeiros haikus helênicos, uma pedra de toque em sua incompletude. Nessa poética, o ruído do excesso de sinais torna-se parte expressiva do que o fragmento nos oferece; ela anuncia sua incompletude material por um excesso em torno do ausente.

Nesse desafio de ressoar o fragmento, o leitor bilíngue notará que, na tradução, apesar de guardar os sinais gráficos que constituem a materialidade editorial fragmentada, eu nem sempre mantive entre colchetes, ou entre chevrons, o exato conteúdo semântico do que está entre colchetes e chevrons no mesmo verso do texto grego. É bem verdade que, tanto quanto possível, mantive, sim, lacuna por lacuna, conjetura por conjetura, ao longo dos fragmentos; no entanto, optei por seguir uma poetologia tradutória e, por isso, em muitos passos, em vez de manter o compasso das simetrias perfeitas, preferi recriar o movimento do rasgo num papiro (em geral, um corte vertical que suprime vários inícios de versos, ou vários fins de versos seguidos); ou seja, tentei dar ao texto em português sua própria organização fragmentária em diálogo direto com a fragmentação do grego. Um exemplo bom pode ser o último verso do frag. 15, εἰς] ἔρον ἦλθε, que poderia ser traduzido ao pé da letra como "ao amor se foi"; porém, diante da sintaxe complexa do poema, o leitor lerá na tradução "ele] retorna". Assim, por estar dentro do colchete, εἰς seria uma conjetura editorial em grego, tal como "ele" em português; mas está claro que uma palavra não traduz a outra. O que se dá então é o movimento de rasgo do papiro também em tradução, marcado por sua posição em início de verso e recriado a partir de uma leve assonância entre "εἰς" e "ele" tal como entre "ἔρον" e "retorna"; contudo, apesar da aparente confusão inicial, a frase completa grega se desdobra nos outros versos do português; basta olhar também o verso anterior "ao desejo a[mável/ ele retorna", que traduz "τὸ δεύ[τ]ερον ὡς πόθε[ννον/ εἰς] ἔρον ἦλθε" ("como de novo ao sedutor/ amor se foi"). Assim, diante do contraste mais amplo, deixo aqui claro que busco um tensionamento deliberado entre as instâncias poéticas como um todo, levando a perda material do texto em conta como parte do poema, que também entra no jogo tradutório. De modo similar, busquei também recriar os possíveis ecos e ressonâncias das palavras fragmentárias; afinal, se é impossível saber nesses casos quais palavras seriam (podem ser até mesmo duas palavras diversas com suas letras conjuntas), então sempre fiz um exercício de criatividade poética diante do que permanece ininteligível: verti farrapo por farrapo, convidando o leitor a imaginar que palavras poderiam surgir do fragmento em português, por vezes guiado por relações sonoras com o grego, por vezes guiado por um indício de morfema que me parecia pertinente. Em resumo, o mesmo que se opera numa tradução criativa e crítica do poema completo pode também se aplicar ao fragmento enquanto poética, ou seja, uma poética do fragmento tradutório.

Um último detalhe: os papiros mais antigos da Grécia não separavam palavras, ou frases, nem mesmo havia a quebra visual dos versos; e mais, não havia pontuação. Essa prática da escrita, como se pode imaginar, não só convidava como praticamente exigia de seus leitores a prática de uma vocalização do texto, para que ele decidisse como pontuar, interpretar as ambiguidades da sintaxe. Só no início de nossa era temos mais papiros que apresentam a quebra de versos em linhas, que facilitam a interpretação visual do poema. Por isso, por entender que a pontuação do *corpus* sáfico é já um acontecimento tardio até em relação aos helenísticos, optei por também reduzir a pontuação a um mínimo, bem como o uso de maiúsculas e minúsculas. Assim, o leitor perceberá que não uso vírgulas na tradução e que o ponto final aparece apenas onde acredito que seja também o ponto que encerra um poema, deixando ao leitor as decisões de pontuação do poema em português, muito embora o texto grego esteja editado com as normas contemporâneas de pontuação. Por certo, isso dialoga com muitas práticas poéticas desde Mallarmé, que optaram por um uso mínimo dos sinais de pontuação para maior abertura do sentido; e nisso uma nova Safo pode soar também moderna; mas sonho aqui que o texto convide seu leitor a também dar a tradução à voz, sua voz, que escapa ao determinismo da tradução.

Por fim, não posso deixar de agradecer a algumas pessoas — e por certo posso esquecer alguns nomes a quem já peço desculpas — que deram apoio para que este trabalho chegasse a um fim: Adalberto Müller, Adelaide Ivánova, Alberto Martins, Bernardo Brandão, Brunno Vieira, Bruno Gripp, Caetano Galindo, Carlito Azevedo, Cide Piquet, Fernanda Baptista, Fernando Santoro, Guilherme Bernardes, João Angelo Oliva Neto, Leonardo Antunes, Leonardo Fischer, Luana Prunelle, Luciana di Leone, Marcelo Bourscheid, Marcelo Tápia, Paulo Malta, Pedro Tomé, Raphael Pappa Lautenschlager, Raimundo Carvalho, Reuben da Cunha Rocha, Ricardo Domeneck, Rodolfo Jaruga, Rodrigo Gonçalves, Roosevelt Rocha, Sergio Maciel, Vanderley Mendonça. É também por interferência deles, do mero apoio (que me fazia confiar no caminho escolhido) e espaço para publicação em revistas, às críticas mais incisivas (que me fizeram repensar pontos diversos), que se fez um corpo tradutório. Aqui traduzo, sob o nome de Safo, sob o corpo sáfico que dou à voz, também o ruído do que se perdeu.

Morretes/Curitiba, 2015-2017

Post-scriptum da 2ª edição:
Gostaria de agradecer a Rafael Brunhara, que me apresentou alguns questionamentos sobre a tradução, além de indicar dois flagrantes delitos, que busquei corrigir para esta 2ª edição. Este é um trabalho sempre a caminho, e sei também que a constante aparição de novas críticas, edições e traduções ainda me fará, assim espero, retornar com mais vagar para uma edição futura.

Curitiba, 2020

Sinais gráficos utilizados

Colchetes ([ ]) indicam que não temos conhecimento do que falta no começo do verso ou no seu fim, ou no meio. O que estiver escrito dentro de um colchete é pura conjetura dos estudiosos, que se baseiam em tópicas da época, estruturas métricas e dialetais, para supor o que poderia estar no trecho que nos falta. É impressionante ver como, por vezes, quando aparece um novo papiro com um fragmento maior de outro que já tínhamos, descobrimos que alguns editores acertaram praticamente na mosca o que estava escrito. Porém, se o leitor quiser se deter no que chegou materialmente, pode ficar apenas com o que está fora dos colchetes.

Pontos (. . .) indicam que é possível saber que há uma letra, porém que ela permanece ilegível. Se os pontos aparecem entre colchetes, como em [. . .], é porque o editor supõe que faltem na lacuna cerca de três letras. Um detalhe importante: dadas as dificuldades de leitura dos papiros, muitas letras são interpretadas de modo diverso de editor para editor, o que pode resultar em fragmentos com sentidos bastante diversos.

Cruzes († †) indicam que uma passagem, tal como nos chegou textualmente, na visão do editor, está provavelmente corrompida, em geral porque não funciona na gramática ou no metro do poema, porém nenhum editor até o momento foi capaz de fazer uma sugestão mais convincente.

Asteriscos (* * *) indicam que há lacuna de tamanho incerto entre dois versos.

Chevrons (< >) indicam conjetura já bem estabelecida que complementa uma falta aparente, embora o trecho não esteja danificado materialmente. Ela pode ser gerada por percebermos que falta uma sílaba para completar o metro, por exemplo.

Corônides (¬) indicam que se trata, muito provavelmente, do início ou fim do poema, um dado importante quando lidamos com fragmentos. O leitor vai reparar que o único fragmento sem lacunas e com duas corônides, uma no início e outra no fim, é o fragmento 1, portanto, o único considerado como um poema completo.

Safo

FRAGMENTOS COMPLETOS

Livro I

1

Ποικιλόθρον' ἀθανάτ' Ἀφρόδιτα,
παῖ Δίος δολόπλοκε, λίσσομαί σε,
μή μ' ἄσαισι μηδ' ὀνίαισι δάμνα,
    πότνια, θῦμον,

ἀλλὰ τυίδ' ἔλθ', αἴ ποτα κἀτέρωτα   5
τὰς ἔμας αὔδας ἀίοισα πήλοι
ἔκλυες, πάτρος δὲ δόμον λίποισα
    χρύσιον ἦλθες

ἄρμ' ὐπασδεύξαισα· κάλοι δέ σ' ἆγον
ὤκεες στροῦθοι περὶ γᾶς μελαίνας   10
πύκνα δίννεντες πτέρ' ἀπ' ὠράνωἴθε-
    ρος διὰ μέσσω·

αἶψα δ' ἐξίκοντο· σὺ δ', ὦ μάκαιρα,
μειδιαίσαισ' ἀθανάτωι προσώπωι
ἤρε' ὄττι δηὖτε πέπονθα κὤττι   15
    δηὖτε κάλημμι

κὤττι μοι μάλιστα θέλω γένεσθαι
μαινόλαι θύμωι· τίνα δηὖτε πείθω
ἄψ σ' ἄγην ἐς σὰν φιλότατα; τίς σ', ὦ
    Ψάπφ', ἀδικήει;   20

1

⌐

Multifloreamente Afrodite eterna
Zeus te fez ó roca-de-ardis e peço
deusa não permita que dor e dolo
      domem meu peito

venha aqui se um dia ao ouvir meu pranto
longe sem demora você me veio
logo que deixava teu lar paterno
      plenidourado

sobre o carro atado e pardais velozes
te levaram vários à negra terra
numa nuvem de asas turbilhonantes
      na atmosfera

junto a mim no instante você sorrindo
deusa aventurada de face eterna
perguntou-me por que de novo sofro
      chamo de novo

e o que mais desejo que seja neste
louco peito quem eu de novo devo
seduzir e dar aos amores? quem ó
      Safo te assola?

καὶ γὰρ αἰ φεύγει, ταχέως διώξει,
αἰ δὲ δῶρα μὴ δέκετ', ἀλλὰ δώσει,
αἰ δὲ μὴ φίλει, ταχέως φιλήσει
    κωὐκ ἐθέλοισα.

ἔλθε μοι καὶ νῦν, χαλέπαν δὲ λῦσον   25
ἐκ μερίμναν, ὄσσα δέ μοι τέλεσσαι
θῦμος ἰμέρρει, τέλεσον, σὺ δ' αὔτα
    σύμμαχος ἔσσο.

pois se agora foge virá em breve
se presentes nega dará em breve
se desama agora amará na hora
    mesmo que negue

venha agora aqui me livrar das longas   25
aflições conceda os afãs que anseio
neste peito e seja aliada nesta
    linha de luta.

⌐

    É quase certo que, no período helenístico, este hino a Afrodite abria o primeiro livro de Safo, já que é citado por Dionísio de Halicarnasso (*Da composição* 23) como exemplo de estilo refinado, e Hefestião cita trecho como exemplo métrico. Além da citação integral, também temos fragmentos do Papiro Oxirrinco 2288, datado do séc. II d.C.
    v. 1: A primeira palavra do poema é provavelmente um neologismo, descrito por Alvaro Antunes como "umbral emblemático de nossa vasta ignorância". Há uma disputa sobre seu entendimento: ποικιλόθρον' pode ser derivado de *poikilos* (variegado, furta-cor, cheio de flores) + *thronos* (trono), ou então *poikilos* + *throna* (feitiço amoroso, em geral bordado num tecido). Sigo a segunda hipótese, mas, caso optasse pela primeira, poderíamos ter o verso "Multiflórea-em-trono Afrodite eterna". Além dessa diferença interpretativa, há outra variante textual, ποικιλόφρων', preferida por Anne Carson, que poderia nos levar a traduzir o primeiro verso por algo como "Mente-multiflórea Afrodite eterna". Por isso, ao juntar as possibilidades interpretativas, optei por "Multifloreamente".
    vv. 9-10: Afrodite é levada num carro puxado por pássaros, ao contrário das deusas bélicas da *Ilíada*, que são trazidas por cavalos.
    vv. 18-19: Temos uma lacuna nesta passagem, que costuma ser interpretada como "levar ao teu/seu amor"; porém, como atentam Rayor & Lardinois, o papiro aponta para uma ideia de "retorno", o que nos leva a pensar que poderia haver duas versões do poema na Antiguidade: uma em que Safo tenta seduzir uma jovem e outra em que a poeta tenta reatar sua relação. Minha tradução com "de novo" tenta manter uma ambiguidade entre Safo querer sempre mais uma jovem ou querer uma jovem novamente. Carson faz um comentário brilhante, que marca a diferença entre a resposta de Afrodite ("de novo?") em sua instância divina, enquanto a humana Safo permanece presa à dor do "agora".
    v. 20: Nos manuscritos e nos poemas em geral, o nome da poeta aparece como Psafo (Ψάπφω), de modo que a forma Safo (Σάπφω) só se estabiliza muito depois, no período helenístico, no séc. II a.C. Opto por manter a grafia Safo.

2

.. ανοθεν κατιου[σ]- 1A

δεῦρυ μ' ἐκ Κρήτας ἐπ[ὶ τόνδ]ε ναῦον 1
ἄγνον, ὄππ[αι τοι] χάριεν μὲν ἄλσος
μαλί[αν], βῶμοι δε τεθυμιάμε-
 νοι [λι]βανώτωι·

ἐν δ' ὕδωρ ψῦχρον κελάδει δι' ὔσδων 5
μαλίνων, βρόδοισι δὲ παῖς ὀ χῶρος
ἐσκίαστ', αἰθυσσομένων δὲ φύλλων
 κῶμα κατέρρει·

ἐν δὲ λείμων ἰππόβοτος τέθαλεν
ἠρίνοισιν ἄνθεσιν, αἰ δ ἄηται 10
μέλλιχα πνέοισιν [
 [ ]

ἔνθα δὴ σὺ . . . . ἔλοισα Κύπρι
χρυσίαισιν ἐν κυλίκεσσιν ἄβρως
ὀμμεμείχμενον θαλίαισι νέκταρ 15
 οἰνοχόαισον

2

    . . do céu desce[nd]-   1A

vem de Creta a mim pa[ra o] santuário   1
consagrado até [o teu] belo bosque
junto às maci[eiras] o altar esfuma-
        çado de incenso

lá uma água fresca a rugir nos ramos   5
entre as macieiras é só penumbra
da roseira e no alvitremor das folhas
        desce esse sono

lá cavalos pastam num amplo campo
no vernal das flores por onde os ventos   10
sons suaves sopram [
        [   ]

lá você ó Cípris . . . . toma
e graciosa sobre essas taças áureas
poderá libar o teu néctar dilu-   15
        ído nas festas

    Caso raro: a maior parte do que temos deste poema provém de um jarro do séc. III a.C.: Óstraco florentino (Ann. R. Scuola di Pisa VI). Um fragmento deste trecho

também é citado por Ateneu, *Banquete dos sofistas* 11.463e, e é comentado por Hermógenes, *Gêneros de estilo* 2.4. Sigo a edição de Voigt.

v. 1a: Voigt acrescenta um trecho acima do primeiro verso costumeiro, o que indicaria que o poema não começa com o pedido à deusa. Também seria possível que o verso 1a pertencesse a outro poema imediatamente anterior.

v. 1: Sabemos que havia um forte culto a Afrodite em Creta, tal como em Chipre.

v. 8: O termo grego κῶμα, traduzido por sono, como observa Carson, tem usos peculiares: é o sono pós-coito de Zeus na *Ilíada* (14.359), o resultado da quebra de promessas por um deus em Hesíodo (*Teogonia* 798), o transe ao ouvir a lira em Píndaro (*Píticas* 1.12) e também a letargia no *corpus* hipocrático. Vemos aí que há uma complexa relação entre erotismo e sinestesia.

vv. 13-16: Cípris é epíteto típico e ritual de Afrodite, vinculado ao mito de seu nascimento em Chipre. Curioso observar que a deusa, neste poema, parece servir de garçonete para a poeta e suas companheiras.

v. 15: "Néctar" aqui é o vinho divino, que em vez de ser diluído em água, como o dos mortais, se dilui em festividades.

3

]δώσην

κλ]ύτων μέντ' ἐπ[
κ]άλων κάσλων, σ[
τοὶς φί]λοις, λύπης τέ μ[ε
]μ' ὄνειδος

]οιδήσαισ . ἐπιτ . [
].αν, ἄσσαιο. τὸ γὰρ ν[όημα
τῶ]μον οὐκ οὔτω μ[
]διάκηται,

]μηδ[   ] . αζε,[
]χις, σθνίημ[ι
] . ης κακότατο[ς
]μεν

]ν ἀτέραις με[
]η φρένας, εὔ[
]ατοις μάκα[ρας
]

]α[

3

]dando

cé]lebre mas n[
b]elo e nobre s[
aos am]igos vex[a-me
]me acusa 5

]inflado . epit . [
]˙am ter a paga pois a m[ente
minh]a não assim m[
]disposta

]nem[ ] . asse[10
]a compreendo
] . da maldad[e
]e

]am outras me[
]a mentes bem[15
]is e abenço[ados
]

]a[

Pergaminho Berol. 5006 do séc. VII d.C. (vv. 1-10) e Papiro Oxirrinco 424 do séc. III d.C. (vv. 6-18). Adrados sugere que este poema poderia ser endereçado ao irmão de Safo, Caraxo. Cf. frags. 5 e 26A e notas.

4

]θε θῦμον
]μι πάμπαν
]δύναμαι
]

]ας κεν ἦ μοι 5
]ς ἀντιλάμπην
]λον πρόσωπον
]

]γχροΐσθεις
]′[. .]ρος 10

4

]o peito
]or inteiro
]posso
]

]anto que em mim é 5
]s contrabrilho
]la face
]

]acariciado
]´[. .]do 10

Pergaminho Berol. 5006, na sequência do fragmento anterior.

6

ὠς δα . [
  κακκ[

ατρι[
κτα . [
.] . [5
  θα[

στεῖχ[ε
ὠς ἴδω[μεν
τὰς ἐτ . [
  πότνια [δ' Ἄυως   10

χρυσόπ[αχυς
καππο[
. ανμ[
  κᾶρα . [

  ] . [15

6

    tal co . [
        ed[

    atri[
    cat . [
    .] . [5
        ta[

    and[e
    e vere[mos
    as e . [
        régia [Aurora   10

    aurib[raços
    e apo[
    . am[
        fado . [

        ] . [15

    Papiro Oxirrinco 2289. Sigo a edição de Voigt com conjeturas incorporadas por Campbell a partir de Treu.
    Na presente edição, o frag. 5 está posicionado após o 18A, cf. nota explicativa.

7

Δωρί]χας . [. . . . .] . [
   ]κην κέλετ', οὐ γᾶρ[
]αις

]κάνην ἀγερωχία[
]μμεν' ὄαν νέοισι   5
] . α φ[ι]λ [. . . . . .] . [
]μα . [

7

Dóri]ca . [. . . . .] . [
   ]comanda pois não[
]as

]vem arrogância[
]ser assim aos jovens   5
] . a qu[e]ri [. . . . . .] . [
]ma . [

Papiro Oxirrinco 2289. Sigo a edição de Voigt. Sobre a palavra "Dórica", cf. nota ao poema 5 (posicionado nesta edição após o frag. 18A).

8

```
    ] . ν . ο . [
   ]αμφ . [
'Ά]τθι· σο . [
    ] . νέφ[
     ]    [                                    5
```

8

]. n . o . [
]torn . [
a vo]cê ó [Á]tis . [
] . men[
]   [5

Papiro Oxirrinco 2289. Sigo a edição de Voigt. Átis é o nome de uma das jovens do tíaso de Safo (segundo *Suda*).

9

π]αρακαλειοιτασε . [
]παν οὐκεχη[
μ]ᾶτερ ἑόρταν

]μαν ὦραι τελε[
ἐ]παμέρων ἐμ[5
]νην θᾶς ἐμ[
φτόγγ]ον ἄκουσαι [

] . ν οὗτος δε[
]η νύν αβλα[
]ας δίδων πα[10
εν]οησεν

] . . . κ . [
]επικ[
ἄ]πνυστον ο[
. ν . τελέσθη . [15

] δ' ἔγω πάμπ[αν
] . χαν γλωσσα[
] . ταπυγνώ . [
]αρ οφέλλης[

]ερων ε . [20
] . . . . . [

9

ei]s que invoca por . [
   ]de todo e não[
mã]e dos festejos

  ]e na hora cumpr[
  e]fêmeros e[5
    en]quanto eu vi[ver
voze]s escutam [

] . esse e[
]agora segur[
]as dando p[10
pen]savam

  ] . . . c . [
  ]epic[
pos]sível o[
] . se cumpre . [15

   ] e eu inte[ira
] . a língua[
] . desconf . [
]ar cresce[

  ]ante e . [20
    ] . . . . . [

47   Livro I

Papiro Oxirrinco 2289. Editei este fragmento a partir do artigo de Burris, Fish & Obbink (2014) sobre um novo papiro que completa um pouco os fragmentos antigos. Acrescentei ainda algumas poucas conjeturas que eles apresentam em suas notas.

v. 6: É possível deduzir essas palavras a partir de uma anotação marginal que aparece no papiro.

v. 17: Talvez se leia a palavra "Dórica" antes de "língua".

10 e 11

[*omissa*]

10 e 11

[*omissos*]

Estes fragmentos não aparecem nos editores recentes.

12

```
     ] . . . [
]σθε . [
]    [

     ]νοημ[
  ] . απεδ[                    5
´] . ηνεο[
]    [

  ] . . ρισ . [
  ] . ιφ[
```

12

```
        ] . . . [
        ]ste . [
        ]     [

        ]pensa[
        ] . desp[                    5
     ´] . end[
        ]     [

       ] . . ris . [
        ] . am[
```

Este frangalho de fragmento, do Papiro Oxirrinco 2289, não aparece em Lobel-
-Page, nem em Campbell, mas apenas em Voigt.

13 e 14

[*omissa*]

13 e 14

[*omissos*]

Estes fragmentos não aparecem nos editores recentes.

]α μάκαι[ρα
]ευπλο . ·[
] . ατοσκα[
]

ὄσσα πρ]όσθ'[ἄμ]βροτε κῆ[να λῦσαι 5
]αταις[ ]νεμ[
σὺν]τύχαι λίμ[ ]ενος κλ[
] . [

Κύ]πρι κα[ί σ]ε πι[κροτάτ]αν επεύρ[οι
μη]δὲ καθχάσ[α]ιτο τόδ' ἐννέ[ποισα 10
Δ]ωρίχα, τὸ δεύ[τ]ερον ὡς πόθε[ννον
εἰς] ἔρον ἦλθε.

⌐

15

        ]a abençoa[da
        ]belesc . [
        ] . da ca[
        ]

tudo quan]to [err]ou no passa[do esqueça
    ]adas[ ]ne[
    com] sorte [ ] porto cel[
    ] . [

Cí]pris que ele [só t]e visite a[marga
ne]m mais possa vangloriar-se [tanto
D]órica ao saber que ao desejo a[mável
    ele] retorna.

        ┐

    Os fragmentos 15-30 pertencem a um mesmo Papiro Oxirrinco 1231, o que confirma sua sequência. Graças a essa série longa, podemos saber com certeza que o primeiro livro de poemas de Safo, no período helenístico, era composto apenas por estrofes sáficas.
    v. 10: Sobre "Dórica", cf. nota ao poema 5.

16

┐

Ο]ἰ μὲν ἰππήων στρότον οἰ δὲ πέσδων
οἰ δὲ νάων φαῖσ' ἐπ[ὶ] γᾶν μέλαιναν
ἔ]μμεναι κάλλιστον, ἔγω δὲ κῆν' ὅτ-
    τω τις ἔραται.

πά]γχυ δ' εὔμαρες σύνετον πόησαι   5
π]άντι τ[ο]ῦτ', ἀ γὰρ πόλυ περσκέθοισα
κάλλος [ἀνθ]ρώπων Ἐλένα [τὸ]ν ἄνδρα
    τὸν [πανάρ]ιστον

καλλ[ίποι]σ' ἔβα 'ς Τροΐαν πλέοι[σα
κωὐδ[ὲ πα]ῖδος οὐδὲ φίλων το[κ]ήων   10
πά[μπαν] ἐμνάσθη, ἀλλὰ παράγαγ' αὔταν
    .]`[......]σαν [

.... ἄγν]αμπτον γὰρ[.....] νόημμα
....].. (.) κούφως τ[......] νοήσηι·
κἄ]με νῦν Ἀνακτορί[ας ἀ]νέμναι-   15
    σ' οὐ] παρεοίσας,

τᾶ]ς κε βολλοίμαν ἔρατόν τε βᾶμα
κἀμάρυχμα λάμπον ἴδην προσώπω.
ἢ τὰ Λύδων ἄρματα κἀν ὄπλοισι
    πεσδομ]άχεντας.   20

┐

D]izem uns que exércitos e uns que barcos
e uns que carros sejam o se[r] mais belo
s]obre a terra negra — por mim seria o
      ser que se ama

c]omo é fácil logo explicar o fato　　　　　　　　　5
p]ara t[o]dos pois que já todos sabem
que a [mor]tal mais bela da terra Helena [a]o
      [nob]re marido

des[denho]u e foi vele[jar] em Troia
se[m seq]uer lembrar-se da fina [fil]ha　　　　　　10
dos queridos [pa]is seduzida pela
      .] ` [. . . . . .]sa [

pois [. . . .] in]flexível mente
. . . .] . . (.) levemente e[. . . . .] pensa
me] recordo agora da plen[a aus]ência　　　　　　15
      de Anactór[ia

quero ver passar o [seu] passo amável
quero o lustre intenso que traz no rosto
mais que as carruagens da Lídia e armadas
      in]fantarias　　　　　　　　　　　　　　　　20

] . μεν οὐ δύνατον γένεσθαι
] . ν ἀνθρωπ[. . . π]εδέκην δ' ἄρασθαι
   ] δ'ἔμ αὔται
   [

   ⏋

]assim não será possível
] . ao morta[l d]esejar partilha
]e por mim mesma
[

⌐

    Papiro Oxirrinco 1231. Sigo a edição nova de Burris, Fish & Obbink (2014), a partir de um novo papiro descoberto, mas encerro o poema tal como Rayor & Lardinois, para depois organizar o frag. 16A. Burris, Fish & Obbink terminam o poema no verso 20. Também é possível imaginar que o poema termina na quinta estrofe; nesse caso, as próximas estrofes seriam de outro poema, também inteiro.
    v. 1: Sigo a interpretação de Adrados, entendendo em *ippéon* (ἰππήων) não cavalaria, mas os carros de batalha.
    vv. 7-12: O marido de Helena é Menelau; sua filha é Hermíone; os pais são Tindareu e Leda, embora no mito ela seja costumeiramente referida como filha de Zeus com Leda. O sedutor é certamente Páris, príncipe troiano; e é desse adultério que temos a origem da guerra de Troia. Segundo a *Ilíada* 24.25 ss., seria a própria Afrodite a causadora da sedução.
    v. 16: Pela comparação com Helena, é possível pensar que essa jovem Anactória — uma desconhecida, talvez do círculo de Safo — estivesse partindo para a Ásia, região de Troia, para se casar.
    v. 19: A Lídia — aproximadamente a atual Turquia — era uma região famosa no período por sua opulência; sua capital era Sardes, já próxima da ilha de Lesbos.

16A

[desunt 2-4 strophae]

.[   ]... γένεσθαι   25
ο.[   ].... βας ἐπ' ἄκρας
τα[   ]ν χίον' ἀ δὲ πόλλα
       προσ[

ωσδ[   ]. ων ἀπέλθην
τω.[   ].... ατ ὄττινας γαρ   30
εὖ θέω κῆνοί με μάλιστα σίννον-
       τ' ἐξ ἀδοκή[τω.

┐

16A

[*faltam 2-4 estrofes*]

. [ ] . . . [tor]nar-se 25
o . [ ] . . . do cimo
e ela[ ]neve em diversas[
       ant[

como [ ] . partia
o [ ] . . . . pois quem mais eu 30
trato bem são sempre os que mais me atacam
       de inespera[do.

       ⌐

    Papiro Oxirrinco 1231 + 2166 + PSI 123.1-2. Sigo a edição nova de Burris, Fish & Obbink (2014), a partir de um novo papiro descoberto, mas defino tal como Rayor & Lardinois, para depois organizar o frag. 16A.

⌐

Πλάσιον δή μ[ελπο]μένοις α[γέσθ]ω
πότνι' Ἤρα, σὰ χ[αρίεσ]σ' εόρτα,
τὰν ἀράταν Ἀτ[ρεΐδα]ι πόησαν
      τοι βασίληες·

ἐκτελέσσαντες μ[εγά]λοις ἄεθλοις
πρῶτα μὲν πὲρ Εἴ[λιον], ἄψερον δέ,
τυίδ' 'απορμάθε[ντες, ὄ]δον γὰρ εὔρην
      οὐκ ἐδύναντο,

πρὶν σὲ καὶ Δί' ἀντ[ίαον] πεδέλθην
καὶ Θυώνας ἰμε[ρόεντα] παῖδα·
νῦν δὲ κ[αί   ] ... πόημεν
      κὰτ τὸ πάλ[αον

ἄγνα καὶ κά[λα   ὄ]χλος
πᾶρθέ[νων   γ]υναίκων
ἀμφισ . [
      μέτρ' ολ[ολυσδ-

πασ[
      . [.] . νιλ[
ἔμμενα[ι
      .]ρ' ἀπίκεσθαι.

⌐

5

10

15

20

17

⌐

Venha para a [danç]a a[pareç]a eu peço
Hera soberana em gr[acio]sa festa
que implorada por um A[trida] outrora
      reis celebraram

quando assim findaram [seus gran]des feitos   5
sobre o cerco de [Ílion] depois nos mares
ancorando aqui [sem] haver a via
      para chegarem

mas a ti e a Zeus Ant[iau] seguiram
e a Tione [junto do lind]o filho   10
e hoje [   ] . . . celebramos
      tal como ou[trora

pura be[la   ]um bando
de mulher[es   ]virgens
ao] redor . [15
      brado] em mesura

tu[
      . [.] . nil[
para se[r
      pa]ra o reto[rno.   20

⌐

PSI ii 123.3-12 + Papiro Oxirrinco 1231 + 2289. Sigo a edição nova de Burris, Fish & Obbink (2014), a partir de um novo papiro descoberto. Também acrescento poucas conjeturas a partir das notas apresentadas no artigo em questão.

v. 2: Hera, como deusa casada com Zeus, era patrona do casamento, mas muitas vezes aparece também como protetora dos navegantes; sabemos que havia um santuário dedicado a ela em Mitilene. Tanto aqui como no frag. 26A ela pode ocupar os dois papéis ao mesmo tempo.

v. 3: Atrida aqui indica um filho de Atreu, portanto Agamêmnon ou Menelau, depois de vencerem a guerra de Troia. Uma narrativa similar ao que lemos neste fragmento aparece na *Odisseia* 3.130 ss.

v. 7: Difícil saber onde "aqui" fica; mais provável que seja em Lesbos, ou num santuário dedicado a Hera.

vv. 9-10: Zeus Antiau é o deus dos suplicantes. O filho de Tione é Dioniso, que costuma ser descrito como filho de Sêmele. Sabemos que a tríade Zeus, Hera e Dioniso tinha um templo famoso em Lesbos, na cidade de Mesa, que aparece também em Alceu frag. 129 Voigt.

18

Παν κεδ[
ἐννέπην[
γλῶσσα μ[
    μυθολογῆσαι[

κἆνδρι[   ]ἄριστα   5
μεσδον[   ] . . .
             ] . . . αν
    ] .

          ] θῦμον
          ]αρ   10
          ] . ρως
]

          ]αιν
            ] .
               ] ω   15
]

18

Pã a[
por dizer[
língua m[
    mitolog[iza

para o homem[   ]melhores   5
sim maior[   ] . . .
                    ] . . . a
      ] .

               ]o peito
               ]ar   10
               ] . do
]

               ]em
                  ] .
                    ]o   15
]

    Papiro Oxirrinco 1231. Editei o texto fundindo o que temos em Voigt e Campbell com o novo fragmento apresentado por Burris, Fish & Obbink (2014), a partir de um novo papiro descoberto.
    v. 1: Παν, A primeira palavra deste poema pode ser traduzida ao pé da letra como "tudo", ou como o nome do deus Pã, deus dos bodes e vinculado às matas.
    v. 5: Arista é provavelmente o epíteto de Ártemis ou designação de uma sacerdotisa da deusa.

69   Livro I

18A

. ω . . . . [

καὶ γὰρ ε . [
δεύετ' ὠρ[
νύξ τε και[
. . σοσ . . . . . [5

. . ασω . . [
. . α . α . . [
μυριάς . . [
πινα . . [. .] . [

18A

. o . . . . [

pois também . [
liquefa[
vem a noite[
. . sos . . . . . [5

. . aso . . [
. . a . a . . [
mais milhares . . [
pinha . . [. .] . [

Considerei como 18A o frag. 3 col. ii apresentado por Burris, Fish & Obbink, a partir de um novo papiro descoberto. Rayor & Lardinois o nomeiam como frag. Pre-5 Green Collection.

Πότνιαι Νηρήιδες ἀβλάβη[ν μοι
τὸν κασίγνητον δ[ό]τε τυίδ' ἴκεσθα[ι
κὤττι ϝοι θύμωι κε θέλε γένεσθαι
κῆνο τελέσθην,

ὄσσα δὲ πρόσθ' ἄμβροτε πάντα λῦσα[ι 5
καὶ φίλοισι ϝοῖσι χάραν γένεσθαι
κὠνίαν ἔχθροισι, γένοιτο δ' ἄμμι
μηδάμα μηδ' εἶς·

τὰν κασιγνήταν δὲ θέλοι πόησθαι
μέ]σδονος τίμας, [ὀν]ίαν δε λύγραν 10
δαιμόνος κό]τοισι π[ά]ροιθ' ἀχεύων
σποῖτο τὰ τέρ]πνα

σὺν φίλοισι]ν εισαΐω[ν] τὸ κέγχρω
κροῦμα δῆ]λ' ἐπαγορίαι πολίταν
ἦ ποτ' οὐ[. .]λλως[ἐσόν]νηκε δ' αὖτ' οὐ 15
δὲν διὰ [μά]κρω

καὶ τί μᾶ[λλ]ον αἰ κ[. . .]εο[. .] . ι
γνως θ[.] . . [.]ν· σὺ [δ]ὲ Κύπ[ρι] σ[έμ]να
ουκον . [. . . . . .]θεμ[έν]α κάκαν [
.] . [.] . . [. . . . . .]ι. 20

5

⌐

Ó Nereidas régias um bom retor[no
para o irmão a salvo é o que mais suplic[o
tudo que ele aspira e no peito anseia
     peço concedam

tudo quanto errou no passado esqueça[m
que ele seja a graça dos seus amigos
dor dos inimigos — ninguém consiga
     dar-nos de nada

que à irmã o jovem deseje e traga
to]da a honra e seu s[ofr]imento infesto
pelas mãos d[e um nume] se nulifique
     que hoje fest]eje

entre amigos] ouç[a] de grãos batidos
na cadência clara] e a cidade [ac]use
não em vão [. .]im mas a [lon]go prazo
     nada [aconte]ce

e o que m[ais]as[. . .]eo[. .] . i
saiba e[.] . . e [vo]cê ó sa[grada] Cí[pris]
nem . [. . . . . .] afasta[ndo] a malvada [
     .] . [.] . . [. . . . . .]a.

⌐

Papiro Oxirrinco 7 + 2289.6. Sigo a edição proposta por Burris, Fish & Obbink (2014), com várias conjeturas apresentadas nas notas do mesmo artigo. Além disso, sigo a hipótese ali aventada, de que o frag. 5 na maioria das edições (Lobel-Page, Voigt, Campbell), na verdade, viria depois do frag. 18 ou 18A (como preferi editar).

v. 5: As Nereidas são divindades femininas do mar, filhas de Nereu.

v. 2: Alguns testemunhos antigos, tais como Heródoto (2.134), Ateneu (13.596b) e o Papiro Oxirrinco, nos indicam que Caraxo seria o irmão mais velho de Safo (cf. 26A) que teria viajado como comerciante para Náucratis, no Egito, e lá ele teria iniciado um relacionamento conturbado com uma certa Rodópis, ou Dórica (cf. 7 e 15), que poderia ser uma cortesã.

v. 15: Afrodite também podia ser vista como uma protetora dos navegantes; porém neste poema é possível vê-la simultaneamente como deusa amorosa.

19

]

]μενοισα[
]θ' ἐν θύοισι[
] ἔχοισαν ἔσλ[
]   5

]ει δὲ βαισα[
]ὐ γὰρ ἴδμεν[
]ιν ἔργων[
]

]δ' ὐπίσσω[10
κ]ἀπικυδ[
]τοδ' εἴπη[

19

       ]

       ]ela espera[
       ]na oferenda[
       ]tinha nobr[
       ]   5

       ]se seguia[
       ]e pois sabemos[
       ]das obras[
       ]

       ]seguinte[10
     e]para ci[
       ]sim declara[

Papiro Oxirrinco 1231.
   v. 11: Como atentam Rayor & Lardinois, talvez neste fragmento as letras κυ sejam o início do nome de Cidro (Κύδρω), umas das jovens do tíaso de Safo, segundo Ovídio (*Heroides* 15.17).

20

]επιθεσμα[
]ε γάνος δὲ και . . [
]

τ]ύκαι σὺν ἔσλαι
λί]μενος κρέηται
γ]ᾶς μελαίνας
]

]έλοισι ναῦται
] μεγάλαις ἀήται[ς
]α κἀπὶ χέρσω
]

']μοθεν πλέοι . [
]δε τὰ φόρτι' εἰκ[
]νατιμ' ἐπεὶ κ . [
]

]ρέοντι πόλλαι[
]αιδέκα[
]ει
]

20

]trama diva[
]brilho e . . [
]

co]m boa sorte
ganh]ar o porto 5
te]rra negra
]

]nautas negam
] nos imensos vento[s
]e em terra firme 10
]

]lá veleja . [
]sua carga[
]ora depois . [
] 15

]no fluxo muitas[
]edeca[
]e
]

]ιν ἔργα   20
] χέρσω [
] . α
 ]

˙] . . [

]e trabalhos 20
] terra firme [
] . a
]

᾿] . . [

Papiro Oxirrinco 1231 + 2166.

21

]

]. επαβολησ[
]ανδ' ὄλοφυν[. . . .]ε.
] τρομέροις π . [. .]αλλα
]   5

] χρόα γῆρας ἤδη
]ν ἀμφιβάσκει
]ς πέταται διώκων
]

]τας ἀγαύας   10
]εα λάβοισα
]ἄεισον ἄμμι
τὰν ἰόκολπον.

]ρων μάλιστα
]ας π[λ]άναται   15

21

        ]

        ] . encontra[
        ]o lamento [. . . .]e.
        ] tremores p . [. .]entanto
        ]   5

        ] velhice agora a pele
          ] circunda
            ] persegue e voa
            ]

            ]da ilustre   10
        el]a pega
        ]então nos entoa aquela
dama violeta

           ]sobretudo
           ]e[rr]ante   15

    Papiro Oxirrinco 1231. Este fragmento e o próximo, além do 96, indicam a presença de outras mulheres que cantavam, mas não podemos saber por certo se também compunham suas próprias canções (como eu próprio acredito). Talvez este poema trate do tema da velhice, tal como o 58C.
    v. 8: Talvez se refira ao Amor (Eros).
    v. 13: O termo ἰόκολπος (vestida-de-violeta) aparece em vários fragmentos, tais como 30 (em referência a uma noiva), 58 (as Musas) e 103 (Afrodite). Aqui a dama violeta é provavelmente Afrodite.

]βλα . [
]εργον, . . λ' α . . [
  ]ν ρέθος δοκιμ[
  ]ησθαι

  ]ν αὐάδην χ . [5
αἰ δ]ὲ μή, χείμων[
  ] . οισαναλγεα . [
    ]δε

.] . ε . [. . . .] . [. . . κ]έλομαι σ' ἀ[είδην
Γο]γγυλαν, [Ἄβ]ανθι, λάβοισαν ἀ . [10
πᾶ]κτιν, ᾶς σε δηὖτε πόθος τ . [
    ἀμφιπόταται

τὰ κάλαν· ἀ γὰρ κατάγωγις αὔτα[ς σ'
ἐπτόαισ' ἴδοισαν, ἐγὼ δὲ χαίρω·
καὶ γὰρ αὔτα δήπο[τ'] ἐμέμφ[ετ' ἄγνα 15
    Κ]υπρογένηα

ὡς ἄραμα[ι
τοῦτο τῶ[πος
β]όλλομα[ι

22

]bla . [
]obra . . la . . [
   ]m membros firm[es
   ]serem

   ]a desagradável c . [5
mas s]e não o inverno[
   ] . insensível . [
      ]de

.] . e. [. . . .] . [. . . eu t]e peço [cante
Gô]ngula[ó Ab]ântis com tua [péctis   10
lídia] pois de novo o desejo t . [
   circunvoando

minha bela pois o vestido d[ela
te pasmou o olhar eu assim me alegro:
pois me repreen[deu] no passa[do a santa   15
   deu]sa de Chi[pre

pela prec[e
esse[s termos
s]ó desej[o

Papiro Oxirrinco 1231.

v. 9: Rayor & Lardinois sugerem que, a partir deste verso, talvez começasse outro poema. Gôngula (cf. frag. 95) e Abântis (cf. frag. 261) são duas jovens do tíaso de Safo.

vv. 10-11: A "péctis lídia", ou πᾶκτις é, ao que tudo indica, um instrumento de cordas diferente, de origem frígia; talvez uma harpa para ser tocada com os dedos, e não com o plectro.

vv. 15-16: A "deusa de Chipre" é Afrodite, cf. frag. 2 e notas.

23

   ]ἔρωτος ἠλπ[
]

  ὠς γὰρ ἄν]τιον εἰσίδω σ[ε
  φαίνεταί μ' οὐδ'] Ἐρμίονα τεαύ[τα
  ἔμμεναι,] ξάνθαι δ' Ἐλέναι σ' ἐίσ[κ]ην   5
    οὐδ' ἒν ἄει]κες

  ] . ις θνάταις, τόδε δ' ἴσ[θι,] τὰι σᾶι
  ] παίσαν κέ με τὰν μερίμναν
    ]λαισ' ἀντιδ[. .]΄[.]αθοις δὲ
  ]   10

    δροσόεν]τας ὄχθοις
     ]ταιν
    παν]νυχίσ[δ]ην

23

        ]do amor esper[
]

pois se vejo]-te cara a car[a
nem sequer] Hermíone se com[para
mas se te aproximam] da loira Helena
    nada me espan]to

    ]às mortais pode [ter] certeza
    ]de meus tormentos toda
        ]você [. .]´[.] me livra
]

    ]barranco or[valho
        ]em
    noi]te aden[tro

    Papiro Oxirrinco 1231. Hermíone é a filha de Helena; cf. notas ao poema 16. Aqui vemos Hermíone como uma beleza inferior à da mãe.

24

a)

]ανάγα[
] . [ ]εμνάσεσθ' ἀ[
κ]αὶ γὰρ ἄμμες ἐν νεό[τατι
ταῦτα [ε]πόημμεν·

πόλλα [μ]εν γὰρ καὶ κά[λα 5
... η . [ ]μεν, πολι[
ἀ]μμε [.]ὀ[ξ]είαις δ[
.] . . [.] . . [

b)

. [
το . [
γα[.] . . [
] . αι . [

c)

]νθα[
ζ]ώομ[εν
]ω· ν . . [
]εναντ[
]απάππ[
τ]όλμαν[
]ανθρω[
]ονεχ[
]παισα[

d)

] . έδαφο[
]αικατε[
]ανέλο[

] . . [ ] . αι 5
λ]επτοφών
] . εα . [

24

a)

      ]nov[
      ] . [   ]lembre-se d[
t]odas nós no vi[ço
      bem o fiz[e]mos

muitas coisas [be]las tam[bém   5
. . . e . [ ]mos a pólis[
n]os [.] ag[u]das e[
    .] . . [.] . . [

    b)   c)   d)

    . [   ]nta[   ] . base[
             v]ivem[os   ]ecate[
    o . [   ]o n . . [   ]anel[
    po[.] . . [   ]diant[
    ] . ei . [   ]aia[   ] . . [ ] . ei   5
             o]usad[le]vevocal
             ]home[   ] . ea . [
             ]one[
             ]tod[

Papiro Oxirrinco 1231 + 2166. Sigo a edição de Voigt.

25

]γμε.[
]προλιπ[
]νυᾶσεπ[
ἄ]βρα·
ἐ]γλάθαν' ἐσ[5
]ησμεθα[
]νυνθαλα[

25

]gne . [
]pré-ung[
]nia n[
favo]rita
rit]ual es[5
]vemos[
]ora sile[

Papiro Oxirrinco 1231. Campbell não edita este fragmento, por isso sigo Voigt.

26A

Π[άτρος ἀμμέων
[   ]
    ]Λα[ριχ
      σέ, μᾶ[τερ.

ἀλλ' ἄϊ θρύλησθα Χάραξον ἔλθην 5
νᾶϊ σὺν πλέαι· τὰ μέν οἴομαι Ζεῦς
οἶδε σύμπαντές τε θέοι· σὲ δ' οὐ χρῆ
    ταῦτα νόησθαι,

ἀλλὰ καὶ πέμπην ἔμε καὶ κέλεσθαι
πόλλα λίσσεσθαι βασίληαν Ἥραν 10
ἐξίκεσθαι τυίδε σάαν ἄγοντα
    νᾶα Χάραξον

κἄμμ' ἐπεύρην ἀρτέμεας· τὰ δ' ἄλλα
πάντα δαιμόνεσσιν ἐπιτρόπωμεν·
εὐδίαι γὰρ ἐκ μεγάλαν ἀήταν 15
    αἶψα πέλονται.

τῶν κε βόλληται βασίλευς Ὀλύμπω
δαίμον' ἐκ πόνων ἐπάρωγον ἤδη
περτρόπην, κῆνοι μάκαρες πέλονται
    καὶ πολύολβοι· 20

26A

Nosso]p[ai
[   ]
    ]Lá[rico
      mã[e

mas você diz que hoje Caraxo chega
com seu barco cheio — o que cabe a Zeus só
e outros deuses (creio) porém você nem
      pense no assunto

antes me despeça e me peça agora
muitas preces para a senhora Hera
pra que enfim Caraxo por cá nos traga
      logo seu barco

nos encontre salvos — e todo o resto
para os santos numes concederemos
pois bons dias de ventania intensa
      vêm num instante

mas aquele a quem o senhor do Olimpo
manda um nume pra proteger das penas
certamente mostra-se mais alegre
      próspero sempre

κἄμμες, αἴ κε τὰν κεφάλαν ἀέρρη
Λάριχος καὶ δή ποτ' ἄνηρ γένηται,
καὶ μάλ' ἐκ πόλλαν βαρυθύμιάν κεν
  αἶψα λύθειμεν.

  ⌐

quanto a nós se Lárico levantasse
sua testa e então se tornasse um homem
sei que desta enorme tristeza todos
    nos livraríamos.

⌐

    Sigo a edição proposta por Obbink (2014) a partir dos novos papiros encontrados, que parecem formar um poema completo. Este fragmento recém-descoberto também é conhecido como "Brothers Poem". Posiciono o poema como 26A, porque no papiro ele vem imediatamente antes do que era antigamente 26 Lobel-Page, Voigt e Campbell, que passo a considerar como 26B, muito embora Neri & Cinti (2017) o numerem como frag. 10. Rayor & Lardinois o marcam em apêndice, com o título de "Brothers Song".
    A primeira estrofe só apareceu posteriormente, num outro artigo de Obbink, em 2015.
    v. 5: Caraxo e Lárico são dois irmãos de Safo (além de Eurígio, que não aparece no poema), tal como citados por Heródoto (2.135). No caso, a ode — escrita em estrofes sáficas — seria um pedido de boa viagem marítima para o irmão mais velho — Caraxo, provavelmente dedicado ao comércio de vinhos lésbios —, enquanto Lárico, o mais novo, se prepara para chegar à idade adulta. Ao mesmo tempo, talvez estejamos diante de uma crítica aos riscos da vida de comerciante, com um desejo para que Lárico, quando chegar à vida adulta, prefira seguir o caminho estável da aristocracia local. Não sabemos precisar quem seria o interlocutor de Safo, nem mesmo se o poema começa neste ponto do papiro.
    v. 17: Não é muito claro o sentido de "levantar a testa" aqui: pode ser literal, pode ser referência ao crescimento do jovem Lárico ou pode indicar até mesmo a ideia de se salvar.

26B

πῶς κε δή τις οὐ θαμέως ἄσαιτο,
Κύπρι, δέσποιν', ὄττινα [δ]ὴ φιλ[είη
καὶ] θέλοι μάλιστα πάλιν κάλ[εσσαι;
πόθ]ον ἔχησθα

νῶν] σάλοισι μ' ἀλεμάτως δαΐσδ[ην 5
ἰμέ]ρω‹ι› λύισαντι γόν' ωμε. [
...]. α. α..[..]αιμ οὐ προ[ ]. έρησ[θα
...]νεερ.[.]αι

]...[..] σέ, θέλω [
τοῦ]το πάθη[ν 10
]. αν, ἔγω δ' ἔμ' αὔται
τοῦτο συνοίδα

].[.]. τοις [...].[
]εναμ[
].[.].[15

26B

Como alguém não se afligiria sempre
régia Cípris pelo q[ue] mais des[eja
quan]do só anseia cha[mar de volta?
    vem dese]jando

pois] ao me ferir para em vão fender[-me   5
pelo vil des]ejo que afrouxa os memb[ros
. . .] . a . a . . [. .]am não pro[ ] am[
    . . .]ne . [.] a

    ] . . . [. .] te desejo [
    ]o suporta[10
      ] . am eu bem
sei em mim mesma

    ] . [.] . aos [. . .] . [
      ]enam[
        ] . [.] . [15

    Sigo a edição proposta por Obbink (2014) a partir dos novos papiros encontrados, que complementam bastante o que tínhamos antes sob o número 26. Cf. nota ao frag. 26A. Um detalhe importante é que o sexo da pessoa amada não é identificável no trecho, por isso tentei mantê-lo ambíguo também na tradução. Este fragmento recém-descoberto também é conhecido como "Kypris Poem".
    v. 2: Sobre Cípris, cf. notas ao frag. 2.

27

      ]καιπ[
     ] . [.] . [.]νος[
  ]σι·

...] . καὶ γὰρ δὴ σὺ πάις ποτ[
...]ικης μέλπεσθ' ἄγι ταῦτα[5
..] ζάλεξαι, κἄμμ' ἀπὺ τωδεκ[
  ἄ]δρα χάρισσαι·

σ]τείχομεν γὰρ ἐς γάμον· εὖ δε[
κα]ὶ σὺ τοῦτ', ἀλλ' ὄττι τάχιστα[
πα]ρ[θ]ένοις ἄπ[π]εμπε, θέοι[10
  ]εν ἔχοιεν

  ] ὄδος μ[έ]γαν εἰς Ὄλ[υμπον
  ἀ]νθρω[π   ]αίκ . [

27

                ]e p[
           ] . [.] . [.]nos[
    ]em

. . .] . você era criança[
. . .]cantar melodia[5
. .] anda atenta e por nós con[ceda
      do]ces favores

p]ara o casamento pois bem[
e] você também sem demoras manda
que] estas [vir]gens ven[h]am que os deuses[10
      ] tenham

    ]caminho ao im[e]nso Ol[impo
      ved]ado ao hom[em

    Papiro Oxirrinco 1231 + 2166. Adrados supõe que o poema se dirija a outra mestra de coro, num pedido para que envie suas jovens para cantar num casamento, como era costume: um coro de meninas cantava diante do quarto nupcial.
    v. 4: A "criança" mencionada é provavelmente a noiva.
    v. 6: "Nós" pode indicar a estrutura coral, embora seja impossível confirmar, e a presença do plural aconteça também em obras monódicas, como a elegia.

28

a)

]ν[. .] . [
   ] . ιτασαδ[
 ] . ανοεισαι[
]πο[

b)

]ζ[.] . [
]τες χθό[
  ]σθ'ἐ[. .]σι[
] . ας[
  ]κ[

c)

] . . . [
]πα[
]εξα[
]νε[
] . [5

28

    a)   b)   c)

]n[. .] . [   ]z[.] . [   ] . . . [
    ] . eta[   ]os sol[   ]cri[
] . ensam[   ]ste e[. .]ão[   ]eis[
]po[   ] . as[   ]ne[
                    ]c[   ] . [5

Papiro Oxirrinco 1231. Sigo a edição de Voigt.

29

(29 (6a) LP/ 29c V)

v. 1]πεπλ[
v. 2 τ]οὶ[ς] ὄρμοις [.]τε[

v. 9]ντε Γόργοι . [.] . [

(29 (24) LP/ 29h V)

v. 3 Γ]ύριννοι

29

(29 (6a) LP/ 29c V)

v. 1   ]mant[o
v. 2   ao]s laços [.]te[

v. 9   ]pra Gorgo . [.] . [

(29 (24) LP/ 29h V)

v. 3   pra G]irino

    Papiro Oxirrinco 1231 + 2166 + 2081. O frag. 29 editado por Lobel-Page (LP) e Voigt (V) é um longo acúmulo de letras sem sentido, por isso optei por seguir plenamente o resumo oferecido por Campbell, com as poucas palavras que podem ser decodificadas. Gorgo e Girino (cf. frags. 82(a) e 90) são duas jovens do tíaso de Safo. Talvez Gorgo fosse uma rival de Safo.

30

νύκτ[. . .] . [

πάρθενοι δ[
παννυχισδοι[σ]αι [
σὰν ἀείδοιεν φ[ιλότατα καὶ νύμ-
    φας ἰοκόλπω.   5

ἀλλ' ἐγέρθεις, ἠϊθ[εοις
στεῖχε σοὶς ὑμάλικ[ας, ὡς ἐλάσσω
ἤπερ ὄσσον ἀ λιγύφω[νος ὄρνις
    ὕπνον [ἴ]δωμεν

30

    noite[. . .] . [

virgens e[
noite adentro [
cantariam tua p[aixão e aquela
    noiva violeta   5

anda acorda com os sol[teiros
certos para a idade e veremos [menos
do que aquele páss[aro claricanto
    t[o]dos os sonhos

    Papiro Oxirrinco 1231 + 2166. O poema parece ser uma espécie de albada, canção em que um coro de jovens rapazes desperta os recém-casados depois da noite de núpcias, o que é uma tópica da poesia grega que aparece posteriormente em Teócrito, *Idílios* 18. Talvez este fosse o último poema do primeiro livro de Safo, já que na indicação esticométrica dos papiros (Oxirrinco 1231 e 2166), lemos que estamos no verso de número 1320, donde podemos concluir que o livro teria 330 estrofes, 1320 versos e cerca de 60-70 poemas em estrofes sáficas.

31

⌐

φαίνεταί μοι κῆνος ἴσος θέοισιν
ἔμμεν' ὤνηρ, ὄττις ἐνάντιός τοι
ἰσδάνει καὶ πλάσιον ἆδυ φωνεί-
   σας ὐπακούει

καὶ γελαίσας ἰμέροεν, τό μ' ἦ μὰν   5
καρδίαν ἐν στήθεσιν ἐπτόαισεν·
ὠς γὰρ ἔς σ' ἴδω βρόχε', ὤς με φώναι-
   σ' οὐδ' ἒν ἔτ' εἴκει,

ἀλλὰ κὰμ μὲν γλῶσσα <μ'> ἔαγε, λέπτον
δ' αὔτικα χρῶι πῦρ ὐπαδεδρόμηκεν,   10
ὀππάτεσσι δ' οὐδ' ἒν ὄρημμ', ἐπιρρόμ-
   βεισι δ' ἄκουαι,

κὰδ' ἴδρως ψυχρὸς χέεται, τρόμος δὲ
παῖσαν ἄγρει, χλωροτέρα δὲ ποίας
ἔμμι, τεθνάκην δ' ὀλίγω 'πιδεύης   15
   φαίνομ' ἔμ' αὔται·

ἀλλὰ πὰν τόλματον ἐπεὶ †καὶ πένητα†

31

⌐

Num deslumbre ofusca-me igual aos deuses
esse cara que hoje na tua frente
se sentou bem perto e à tua fala
      doce degusta

e ao teu lindo brilho do riso — juro   5
que corrói o meu coração no peito
porque quando vejo-te minha fala
      logo se cala

toda a língua ali se lacera um leve
fogo surge súbito sob a pele   10
nada vê meu olho mas ruge mais ru-
      ído no ouvido

gela-me a água e inunda-me o arrepio
me arrebata e resto na cor da relva
logo me parece que assim pereço   15
      nesse deslumbre

tudo é suportável se †até um pobre†

Poema citado por Pseudo-Longino, *Do sublime* 10.1-3, e também por PSI (cf. frag. 213B), é o mais famoso de Safo, inclusive imitado por Catulo 51. A descrição

poética pode ser interpretada como um contexto de epitalâmio (a jovem vai se casar com esse que parece um deus, igualmente a noiva é louvada por sua beleza e seus efeitos sobre os outros), ciúme (uma amada de Safo está a flertar com o rapaz, o que causa tais efeitos), ou sintomas amorosos (a mera visão da moça faz com que Safo entre em colapso). Embora eu considere a primeira hipótese a mais convincente, todas são possíveis: estamos diante de uma aporia. Talvez o melhor a fazer seja retomar Anne Carson: "O corpo de Safo se desfaz, o corpo de Longino se refaz; drástico contraste do sublime".

v. 13: Sigo Brunet, em vez de κὰδ δέ μ' ἴδρως κακχεέται, de Campbell.

v. 14: A expressão "cor da relva" é de difícil interpretação; embora, é claro, indique um tom de pele mórbido, a cor verde era em geral associada ao frescor e à juventude; além disso, como bem notam Rayor & Lardinois, na poesia anterior homérica, a relva é muito associada à sexualidade.

32

αἴ με τιμίαν ἐπόησαν ἔργα
τὰ σφὰ δοῖσαι

32

que me deram honras e me cederam
suas obras

Fragmento citado por Apolônio Díscolo, *Pronomes* 144a. Trata-se das Musas.

33

αἴθ' ἔγω, χρυσοστέφαν' Ἀφροδίτα,
τόνδε τὸν πάλον < ...... > λαχοίην

33

auricoroada Afrodite eu quero
partilhar do dom desse lote < . . . . . . >

Fragmento citado por Apolônio Díscolo, *Sintaxe* 3.247.

34

ἄστερες μὲν ἀμφὶ κάλαν σελάνναν
ἂψ ἀπθκρύτοισι φάεννον εἶδος
ὄπποτα πλήθοισα μάλιστα λάμπη
      γᾶν <ἐπ ἀμαύραν>

    * * *

      ἀργυρία

34

cada estrela estala na lua bela
logo apaga o próprio fulgor da face
quando em plenilúnio deslumbra imensa a
    terra <obscura>

* * *

            prateada

    Fragmento citado por Eustácio, comentário à *Ilíada* 8.555. A imensa maioria dos estudiosos considera que este fragmento seria parte de um símile em que se compara o rosto da amada com o de outras jovens: assim, a amada seria mais bela, tal como a lua ofusca os outros astros.
    v. 4: Sigo a edição de Brunet, que completa a lacuna.

35

ἤ σε Κύπρος ἢ Πάφος ἢ Πάνορμος

35

e você que Chipre ou Panormo ou Pafos

Fragmento citado por Estrabão, *Geografia* 1.2.33. Pafos era uma cidade de Chipre; Panormo é provavelmente a moderna Palermo, na Sicília.

36

καὶ ποθήω καὶ μάομαι

36

eu desejo e muito me abraso

Fragmento citado pelo *Etymologicum genuinum*.

37

κὰτ ἔμον στάλαχμον

* * *

τὸν δ' ἐπιπλάζοντ' ἄνεμοι φέροειν
καὶ μελέδωναι

37

                meu gotejamento

                * * *

que em conjunto vento e tormento levem
    quem me assolava

    Fragmento citado pelo *Etymologicum genuinum*, onde vemos que o trecho é usado para explicar como, na poesia eólica, um gotejar (στάλαχμον) indica o sofrimento, talvez como metonímia do sangue que escorre numa ferida simbólica. Por isso optei por verter ao pé da letra.

38

ὄπταις ἄμμε

38

você nos queima

Fragmento citado por Apolônio Díscolo, *Pronomes* 127a.

39

πόδας δὲ
ποίκιλος μάσλης ἐκάλυπτε, Λύδι-
ον κάλον ἔργον

39

           pés que um
véu policromado cobria uma obra
       linda da Lídia

    Fragmento citado por um escoliasta de Aristófanes, *A Paz* 1174. Sobre a Lídia, cf. notas ao frag. 16.

40

a)

σοὶ δ'ἔγω λεύκας ἐπὶ βῶμον αἶγος

b) = i.a. 13

κἀπιλείψω τοι

40

a)

trago ao teu altar esta cabra branca

b) = i.a. 13

vou deixar você

Fragmentos citados por Apolônio Díscolo, *Pronomes* 104c.
a) Sigo a edição de Brunet, ἐπὶ βῶμον, em vez de ἐπιδωμον.
b) Campbell considera este fragmento como incerto entre Alceu e Safo e o edita como i.a. 13; sigo a edição de Voigt.

41

ταὶς κάλαις ὔμμιν ‹τὸ› νὸημμα τῶμον
   οὐ διάμειπτον

41

por vocês tão belas \<a\> minha ideia
    nunca se altera

Fragmento citado por Apolônio Díscolo, *Pronomes* 124c.

42

παῖσι <δὲ> ψῦχρος μὲν ἔγεντ' ὁ θῦμος,
πὰρ δ' ἴεισι τὰ πτέρα

42

\<eis\> então que o gelo lhes toma o peito
tombam as asas

Fragmento citado por um escoliasta de Píndaro, *Píticas* 1.10, afirmando que os versos se referem a pombas, aves consagradas a Afrodite.

Livro II

43

]αι·
]
]λεται
]καλος
] . ἄκαλα κλόνει   5
]κάματος φρένα
]ε κατισδάνε[ι]
] ἀλλ' ἄγιτ', ὦ φίλαι
], ἄγχι γὰρ ἀμέρα.

43

         ]é
         ]
         ]ói
         ]lindo sim
       ]rói a paz   5
        ]penas o coração
     ]assento[u
     ]vamos amigas já
     ]dia já próximo

    Papiro Oxirrinco 1232, do séc. III d.C. Sigo a edição de Voigt. Metro incerto,
porém com final glicônio (— u u — u x).

Κυπρο . [   ]ας·
κάρυξ ἦλθε θε[   ]ελε[. . .] . θεις
Ἴδαος ταδεκα . . . φ[. .] . ις τάχυς ἄγγελος
        [deest unus versus]
τάς τ' ἄλλας Ἀσίας . [.] δε . αν κλέος ἄφθιτον·
Ἕκτωρ καὶ συνέταιρ[ο]ι ἄγοισ' ἑλικώπιδα   5
Θήβας ἐξ ἱέρας Πλακίας τ' ἀ[π' ἀι]ν‹ν›άω
ἄβραν Ἀνδρομάχαν ἐνὶ ναῦσιν ἐπ' ἄλμυρον
πόντον· πόλλα δ' [ἐλί]γματα χρύσια κἄμματα
πορφύρ[α] καταΰτ[με]να, ποίκιλ' ἀθύρματα,
ἀργύρα τ' ἀνάριθμα [ποτή]ρ[ια] κἀλέφαις.   10
ὢς εἶπ'· ὀτραλέως δ' ἀνόρουσε πάτ[η]ρ φίλος·
φάμα δ' ἦλθε κατὰ πτόλιν εὐρύχορον φίλοις.
αὔτικ' Ἰλίαδαι σατίναι[ς] ὐπ' ἐυτρόχοις
ἆγον αἰμιόνοις, ἐπ[έ]βαινε δὲ παῖς ὄχλος
γυναίκων τ' ἄμα παρθενίκα[ν] τ . . [. .] οσφύρων,   15
χῶρις δ' αὖ Περάμοιο θύγ[α]τρες[
ἴππ[οις] δ' ἄνδρες ὔπαγον ὐπ' ἀρ[ματ
π[   ]ες ἠίθεοι, μεγάλω[σ]τι δ[
δ[   ] . ἀνίοχοι φ[. . . . .] . [
π[']ξα . ο[20
        [desunt aliquot versus]

                        ἴ]κελοι θέοι[ς
                  ] ἄγνον ἀολ[λε-
ὄρμαται[   ]νον ἐς Ἴλιο[ν
αὖλος δ' ἀδυ[μ]έλης [κίθαρίς] τ' ὀνεμίγνυ[το

44

Chipre . [ ]á
chega o arauto d[ ]ele[. . .] . ou
vem Idau mensageiro veloz . . . d[
"   [*falta um verso*]
na Ásia inteira . [.] glória indelével sim
e eis que Heitor e parceir[o]s conduzem a luz-no-olhar   5
lá de Tebas sagrada e d[as águas de] Plácia
vem Andrômaca bela na barca no sal do mar
junto aos seus [brace]letes dourados e púrpur[as]
vestes nos per[fu]mes com seus variados dons
pratas peças inúmeras [ta]ç[as] ebúrneas"   10
disse e assim levantou-se veloz o querido p[a]i
e essa fama esvoaça na vasta cidade enfim
eis que ilíades logo enlaçaram as mula[s] em
carros suaves-nas-rodas e junto da multidão
v[ê]m mulheres seguidas de virge[ns] de [tenros] pés   15
fora as [fi]lhas de Péramo[
e homens prendem cav[alos] nos car[ros
m[   ]s solteiros enorme e[
d[   ] . aurigas f[. . . . .] . [
p[´]a . o[20
    [*faltam alguns versos*]

               fei]to um deu[s
               ] santo reúne[m-se
correm[   ]a Ílio[n
o aulo meli[m]elódico e a [cítara] mesclam[-se

139   Livro II

καὶ ψ[ό]φο[ς κ]ροτάλ[ων, λιγέ]ως δ' ἄρα πάρ[θενοι 25
ἄειδον μέλος ἄγν[ον ἴκα]νε δ' ἐς αἴθ[ερα
ἄχω θεσπεσία γελ[
πάνται δ' ἦς κὰτ ὄδο[ις
κράτηρες φίαλαί τ' ὀ[. . .]υεδε[. .] . . εακ[.] . [
μύρρα καὶ κασία λίβανός τ' ὀνεμείχνυτο· 30
γύναικες δ' ἐλέλυσδον ὄσαι προγενέστερα[ι,
πάντες δ' ἄνδρες ἐπήρατον ἴαχον ὄρθιον
Πάον' ὀνκαλέοντες ἑκάβολον εὐλύραν,
ὔμνην δ' Ἔκτορα κ' Ἀνδρομάχαν θεοεικέλο[ις.

com r[u]íd[o dos c]rótal[os vir]gens ent[oam tão   25
claro can[to sagr]ado e seu eco divino as[sim
chega ao éter celeste e ris[
sobre todas as ru[as
taças cálices [. . .]dos[. .] . . em[.] . [
quando mirra e canela e olíbano mesclam-se   30
e as mulheres mais velha[s] em gritos alegram-se
quando os homens elevam um verso agudíssimo
pra chamar a Peã longiarqueiro bom lírico
celebrando os divino[s] Heitor e Andrômaca.

⌐

    Papiro Oxirrinco 1232 + 2076, sigo algumas conjeturas de Brunet. Campbell considera que este poema, conhecido como "Casamento de Heitor e Andrômaca", encerraria o Livro II de Safo, porque no Papiro Oxirrinco 1232, em que se fecha o poema, temos em seguida um colofão.
    v. 3: Na *Ilíada*, Ideu é o mensageiro dos troianos; como seu nome aparece ligeiramente diferente pelo dialeto eólico, grafei-o como Idau.
    v. 6: Plácia é um rio próximo ao monte Placo, na região da Mísia, por isso é considerado pátria de Andrômaca, tal como Tebas da Ásia Menor, e não a Tebas egípcia.
    v. 11: O pai é certamente Príamo, rei de Troia.
    v. 15: Sigo a edição de Brunet, em vez de deixar a lacuna no fim do verso.
    v. 16: Péramo aparece como variante do nome Príamo.
    vv. 32-33: Peã pode ser um deus específico, mas é mais comumente epíteto de Apolo ("protetor", "salvador") e também o nome do gênero poético em que se faz um hino ao mesmo deus.

44A (= Alceu 304 LP)

(a) col. i

]σανορεσ .. [
Φοίβωι χρυσοκό]μαι τὸν ἔτικτε Κόω κ[όρα
μίγεισ' ὑψινέφει Κρ]ονίδαι μεγαλωνύμωι·
Ἄρτεμις δὲ θέων] μέγαν ὅρκον ἀπώμοσε·
νὴ τὰν σὰν κεφά]λαν, ἄϊ πάρθενος ἔσσομαι 5
ἄδμης οἰοπό]λων ὀρέων κορύφαισ' ἔπι
θηρεύοισ'· ἄγι καὶ τά]δε νεῦσον ἔμαν χάριν.
ὣς εἶπ'· αὐτὰρ ἔνευ]σε θέων μακάρων πάτηρ.
πάρθενον δ' ἐλαφάβ]ολον ἀγροτέραν θέοι
ἄνθρωποί τε κάλε]ισιν ἐπωνύμιον μέγα. 10
κήναι λυσιμέλης] Ἔρος οὐδάμα πίλναται,
 ] . [.] . . . . αφόβε[. .] ΄ . ω·

(b) col. ii

εμμ[
και . [
ρ . ε . [
ω . . . [
Μοίσαν ἀγλα[ὰ δῶρα 5
πόει καὶ Χαρίτων[
βραδίνοις ἐπεβ . [
ὄργας μὴ 'πιλάθε . [
θνάτοισιν· πεδέχ[ην
 ]δαλίω[10

44A (= Alceu 304 LP)

(a) col. i

              ]nores . . [
Febo de áureos cabe]los que a f[ilha] do grão Coeu
junto ao Crôn]io de enorme renome gerou à luz
enquanto Ártemis] fez a promessa conforme um deus
"pela tua cabeça] eu serei sempre virgem só   5
indomada no cimo] das serras eu vou caçar
solitária e com isso] eu exijo essa graça em mim"
mal falou e sua graça] lhe deu o divino pai
como virgem que ca]ça e que mata cervídeos
deuses e homens a cha]mam por ótimo título   10
pois Amor solta-membros] não ousa tocá-la mais
      ] . [.] . . . . temer[. .] ´ . ou

(b) col. ii

ser[
e . [
r . e . [
o . . . [
dons il]ustres das Musas[5
faz e logo das Graças[
delicado . [
não se esqueça da cólera . [
aos mortais e porém partil[har
      ]dalio[10

Papiro Fouad 239, do séc. II-III d.C. Este fragmento — provável hino a Ártemis — é originalmente atribuído a Alceu 304 por Lobel-Page, mas vários editores (Voigt, Campbell, Brunet) hoje o consideram como obra de Safo. Na parte (b) vv. 5 e 8, sigo a edição de Brunet para o complemento (que aliás, aparece na tradução conjetural de Campbell, embora ele não o insira no texto grego).

vv. 2-3: A filha de Coeu (ou Coio, ou Ceu) é Leto, tradicionalmente designada como a mãe mortal de Apolo e Ártemis. O Crônion é Zeus, filho de Crono.

45

ἆς θέλετ' ὔμμες

45

como quiserem

Fragmento citado por Apolônio Díscolo, *Pronomes* 119b.

46

ἔγω δ' ἐπὶ μολθάκαν
τύλαν κασπολέω †μέλεα· κἂν μὲν τετύλαγκας ἀσπόλεα†

46

logo descansarei
membros lassos †naquele belíssimo e bom colchão†

Fragmento citado por Herodiano, *Das palavras anômalas* β´ 39. O verso 2 apresenta problemas lexicais e métricos.

47

Ἔρος δ' ἐτίναξέ μοι
φρένας, ὡς ἄνεμος κὰτ ὄρος δρύσιν ἐμπέτων.

47

    o Amor me atravessou
a alma como se vento do monte em carvalhos cai

Fragmento citado por Máximo de Tiro, *Orações* 18.9.

48

ἦλθες †καὶ† ἐπόησας, ἔγω δέ σ' ἐμαιόμαν,
ὂν δ' ἔψυξας ἔμαν φρένα καιομέμαν πόθωι.

48

†mas† me veio você no momento em que te esperei
pra apagar no meu peito a faísca que me acendeu

Fragmento citado por Juliano, *Epístolas* 183. Sigo a edição de Voigt.

49

⌐

Ἠράμαν μὲν ἔγω σέθεν, Ἄτθι, πάλαι ποτά

* * *

σμίκρα μοι πᾶις ἔμμεν' ἐφαίνεο κἄχαρις

49

⌐

Átis eu te adorei num passado distante sim

* * *

ah criança aos meus olhos faltavam-te graça e sal

 Os dois fragmentos aparecem em fontes separadas (Hefestião, *Manual de métrica* 7.7, e Plutarco, *Diálogo do amor* 751d), mas Terenciano Mauro sugere que seriam dois versos sequenciais, uma hipótese considerada duvidosa. Sobre Átis, cf. notas aos frags. 8 e 96.

50

ὁ μὲν γὰρ κάλος ὅσσον ἴδην πέλεται <κάλος>,
ὁ δὲ κἄγαθος αὔτικα καὶ κάλος ἔσσεται.

50

pois o belo é <belíssimo> apenas se alguém o vê
mas o bom com certeza também é belíssimo

Fragmento citado por Galeno, *Exortações ao aprendizado* 8.16.

51

οὐκ οἶδ' ὄττι θέω· δύο μοι τὰ νοήμματα

51

eu hesito pois sinto este duplo pensar em mim

Fragmento citado por Crisipo, *Negativas* 23.

52

ψαύην δ' ού δοκίμωμ' ὀράνω †δυσπαχέα†

52

não pretendo tocar †com as mãos† o céu

Fragmento citado por Herodiano, *Das palavras anômalas* α′ 7.

Livro III

53

Βροδοπάχεες ἄγναι Χάριτες δεῦτε Δίος κόραι

53

⌐

Bracirróseas ó filhas de Zeus Graças acheguem-se!

Fragmento citado por um escoliasta de Teócrito, *Idílios* 28. Os editores costumam considerar que este verso abriria o Livro III de Safo. As Graças são as divindades da beleza e da sedução, e costumam aparecer como acompanhantes de Afrodite ou na presença das Musas (cf. frags. 44(b), 103 e 128).

54

ἔλθοντ' ἐξ ὀράνω πορφυρίαν περθέμενον χλάμυν

54

quando chega do céu veste-se então todo de púrpura

Fragmento citado por Pólux, *Vocabulário* 10.124. Descreve o manto do Amor.

55

κατθάνοισα δὲ κείσηι οὐδέ ποτα μναμοσύνα σέθεν
ἔσσετ' οὐδὲ πόθα εἰς ὔστερον· οὐ γὰρ πεδέχηις βρόδων
τὼν ἐκ Πιερίας· ἀλλ' ἀφάνης κἀν Ἀίδα δόμωι
φοιτάσηις πεδ' ἀμαύρων νεκύων ἐκπεποταμένα.

55

mas um dia você deve morrer nem restará nenhum
grande anseio ou paixão pelo teu ser já que você não viu
piérides roseirais nem te verão no Hades no negro lar
mas só resta voar voltas sem fim entre cadáveres

    Fragmento citado por Estobeu, *Antologia* 3.4.12, onde afirma que estes versos seriam dirigidos a uma mulher sem educação. Plutarco, no entanto, diz que se dirigem a uma mulher rica. A Piéria — terra natal das Musas — fica na Macedônia; daí que roseirais piérides sejam metáfora da poesia.

56

οὐδ' ἴαν δοκίμωμι προσίδοισαν φάος ἀλίω
ἔσσεσθαι σοφίαν πάρθενον εἰς οὐδένα πω χρόνον
τεαύταν

56

imagino que não pode surgir virgem que veja o sol
num futuro qualquer para que assim tenha um saber igual
como

Fragmento citado por Crisipo, *Negativas* 13. Tudo indica que esse "saber", no v. 2, seja a poética.

57

†τίς δ' ἀγροΐωτις θέλγει νόον . . .
ἀγροΐωτιν ἐπεμμένα σπόλαν† . . .
οὐκ ἐπισταμένα τὰ βράκε' ἕλκην ἐπὶ τὼν σφύρων;

57

mas que moça rural te enfeitiçou . . .
nesse jeitinho do seu vestir rural† . . .
que não sabe sequer como ajustar mantos no calcanhar

Fragmento citado por Ateneu, *Banquete dos sofistas* 21bc, que afirma que neste trecho Safo zombaria de Andrômeda, uma rival que guiava outro tíaso (segundo Máximo de Tiro); no entanto, na citação, os dois primeiros versos deste fragmento não cabem no metro esperado.

Livro IV

58A

]νῦν θαλ[ί]α γε[νέσθω·
]νέρθε δὲ γᾶς περ[ίσχ]οι
κλέος μέγα Μοίσει]ον ἔχοισαν γέρας ὡς [ἔ]οικεν,
πάνται δέ με θαυμά]ζοιεν, ὡς νῦν ἐπὶ γᾶς ἔοισαν
κάλεισι χελίδω] λιγύραν, [α]ἴ κεν ἔλοισα πᾶκτιν 5
ἢ βάρβιτον ἢ τάνδε χε]λύνναν θαλάμοισ' ἀείδω.

˥

58A

           fa]ça-se agora a f[esta
           ] sob o chão me abrace
a glória das Mus]as mais imensa como [bem] mereço
que todos se espan]tem como agora sobre o chão me chamam
de linda andorinha] cristalina [s]e ao tocar na harpa   5
no bárbito ou mesmo na tes]tude nestas bodas canto.

┐

    Caso raríssimo, o poema 58 aparece em dois papiros diferentes, precedido por trechos também diversos, que chamarei aqui de 58A (Pre-58 Colônia) e 58B (Pre-58 Oxirrinco). O Papiro de Colônia 21351 e 21376, que apresenta os versos de 58A, é datado do séc. III a.C. e foi descoberto muito recentemente; o que tínhamos até então era um Papiro Oxirrinco, datado do séc. II d.C., com o que edito como frag. 58B.
    A (Pre-58 Colônia): sigo a edição de West, exceto no v. 1, em que sigo νῦν θαλία γενέσθω ("faça-se agora a festa"), conjetura de Alex Hardie, em vez do que editara West: νῦν Θαλία παρέσθω ("Venha Talia agora"). Se optarmos pela versão de West, é bom pensarmos que Talia incorpora, como musa, a própria divinização da festa. Uma apresentação das várias conjeturas apresentadas até hoje para o fragmento é feita no belo artigo de Daniel Alejandro Torres (2012).

58B

```
                  ] . [
                ] . δα[
                ]
                ] . α
              φ]ύγοισα[   ]                    5
]. [ . . ] . . [        ]ιδάχθην
]χυ θ[˙ ]οι[ . ]αλλ[. . . . . . ]ύταν
] . χθο . [ . ]ατί . [ . . . . . ]εισα
]μένα ταν[ πολυώ]νυμόν σε
]νι θῆται στ[ύ]μα[τι] πρόκοψιν        10
```

58B

```
                    ] . [
                    ] . da[
                    ]
                    ] . a
                    ]fugia[ ]                5
] . [ . . ] . . [   ]ava
]s d[ . ]uses[ . ]mas[. . . . . . . ]ida
] . cto . [ . ]ati . [ . . . . . ]osa
]nte a você [multin]ome
]aos l[áb]i[o]s concedeu sucesso          10
```

Ver também nota ao frag. 58A.
B (Pre-58 Oxirrinco): sigo a edição de Brunet, que apresenta algumas conjeturas que também são seguidas na tradução de Campbell.

58C

ὔμμες πεδὰ Μοίσαν ι]οκ[ό]λπων κάλα δῶρα παῖδες,
σπουδάσδετε καὶ τὰ]ν φιλάοιδον λιγύραν χελύννan·

ἔμοι δ'ἄπαλον πρίν] ποτ' ἔοντα χρόα γῆρας ἤδη
επέλλαβε, λεῦκαι δ'ἐγ]ένοντο τρίχες ἐκ μελαίναν·

βάρυς δέ μ' ὀ [θ]ῦμος πεπόηται, γόνα δ' [ο]ὐ φέροισι,　　　5
τὰ δή ποτα λαῖψηρ' ἔον ὄρχησθ' ἴσα νεβρίοισι.

τὰ <μὲν> στεναχίσδω θαμέως· ἀλλὰ τί κεν ποείην;
ἀγήραον ἄνθρωπον ἔοντ' οὐ δύνατον γένεσθαι.

καὶ γάρ π[ο]τα Τίθωνον ἔφαντο βροδόπαχυν Αὔων
ἔρωι φ.. αθεισαν βάμεν' εἰς ἔσχατα γᾶς φέροισαν,　　　10

ἔοντα κάλον καὶ νέον, ἀλλ'αὖτον ὔμως ἔμαρψε
χρόνωι πόλιον γῆρας, ἔχοντ' ἀθανάταν ἄκοιτιν.

　　　　　　　　　　　]ιμέναν νομίσδει
　　　　　　　　　　　]αις ὀπάσδοι

ἔγω δὲ φίλημμ' ἀβροσύναν,　　　] τοῦτο καί μοι　　　15
τὸ λάμπρον ἔρως ἀελίω καὶ τὸ κάλον λέλογχε.

┐

180

58C

vocês deveriam perseguir] dons das vio[le]tas Musas
seguir ó crianças a] testude de cristalocanto

meu corpo passado delica]do se envelhece à pele
grisalhos ficara]m meus cabelos que ondulavam negros

meu [p]eito me pesa ai os joelhos [nã]o se firmam frágeis   5
tão ágeis que foram para danças como corças fortes

<assim> amiúdo meus gemidos mas por que motivo?
pois é impossível prosseguirmos ininvelhecíveis

outr[o]ra a Aurora rosibrácea amorosa alçara
Titono em seus braços e o levou rumo aos confins da terra   10

pois tinha beleza e juventude mas velhice cinza
também o tocou mesmo ao fruir dessa imortal amada

                ]costumeira
                   ]as acompanhasse

eu amo a fineza   ] pois pra mim sim   15
o amor concedeu todos fulgores que no sol assombram.

    ¬

    Aqui temos outro problema com a origem dos papiros: a edição de Colônia (58A) apresenta um poema para 58C com 12 versos; enquanto a edição de Oxirrinco

segue por mais 4 versos, que finalizam 16 no total; assim, é possível imaginarmos duas tradições para um mesmo poema, que estaria anotado de forma diversa em dois livros. Sigo a edição de West (2004) até o verso 12, e Voigt nos versos 13 a 16. Este poema também é conhecido como "Tithonus Poem".

v. 2: A testude de cristalocanto é a lira de canto cristalino, porque ela costumava ser feita com um casco de tartaruga (testude).

vv. 9-12: O mito em jogo aqui é o da Aurora com seu amado Titono, pois ela teria concedido a imortalidade ao jovem, enquanto se esquecia de também pedir a juventude eterna: o resultado foi Titono envelhecer infinitamente até se transformar na cigarra. Segundo o Papiro de Colônia, o poema terminaria aqui.

vv. 13-16: Com o novo papiro editado por West, boa parte dos estudiosos e tradutores (como Jim Powell) passaram a considerar estes versos como pertencentes a outro poema. Como não é possível ter certeza, opto por deixá-los unidos, tal como fizeram também Rayor & Lardinois.

59

Ἐπιν[ ] . [. . .]νό . [
φίλει . [

καιν[

59

Sobr[   ] . [. . .]no . [
ama . [

ea[

Papiro Oxirrinco 1787. Sigo a edição de Voigt. Os fragmentos 59-86 pertencem a um único papiro, que confirma sua sequência, e fariam parte do Livro IV de Safo no período helenístico.

60

]τύχοισα
]θέλ' ωνταπαίσαν
τέ]λεσον νοήμμα
]έτων κάλημι
] πεδὰ θῦμον αἶψα 5
ὄ]σσα τύχην θελήση[ς
]ρ ἔμοι μάχεσθα[ι
χ]λιδάναι πίθεισα[ν
]ι, σὺ δ' εὖ γὰρ οἶσθα
]έτει τα [.] . λε .. 10
]κλασ[

60

]conseguindo
]busca tudo
cum]prir o plano
]e chamo
]logo seguindo o peito 5
]tudo que assim anseia[
] combater comig[o
sub]mete-se à mais soberb[a
]você bem sabe
]ra a [.] . le . . 10
]cla[

Papiro Oxirrinco 1787. Talvez este fragmento seja similar ao que temos no poema 1.

61

ἔγεντ.[
οὐ γάρ κ[ε

61

torna . [
pois nã[o

Papiro Oxirrinco 1787. Sigo a edição de Voigt.

62

⌐

Ἐπτάξατε[
δάφνας ὄτα[

πὰν δ' ἄδιον[
ἢ κῆνον ἐλο[

καὶ ταῖσι μὲν ἀ[5
ὀδοίπορος ἄν [. . . .] . . [

μύγις δέ ποτ' εἰσάιον· ἐκλ[
ψύχα δ' ἀγαπάτασυ . [.

τέαυτα δὲ νῦν ἔμμ[
ἴκεσθ' ἀγανα[10

ἔφθατε· κάλαν[
τά τ' ἔμματα κα[

⌐

62

⌐

Temeram[
lauréis no segundo[

mas tudo é mais doce[
que esse[

para elas[5
mas um caminhante [. . . .] . . [

e quase não deu para ouvir[
ó alma adorada . [.

agora serei[
por vir sedutor[10

primeiras e à bela|
tuas roupas[

⌐

Papiro Oxirrinco 1787. Tudo indica que este fragmento pertence a um poema completo de 12 linhas.

63

⌐

Ὄνοιρε μελαινα[
φ[ο]ίταις ὄτα τ' ὔπνος[

γλύκυς θ[έ]ος, ἦ δεῖν' ὀνίας μ[
ζὰ χῶρις ἔχην τᾱν δυναμ[

ἔλπις δέ μ' ἔχει μὴ πεδέχη[ν 5
μηδὲν μακάρων ἐλ[

οὐ γάρ κ' ἔον οὔτω [. .
ἀθύρματα κα . [

γένοιτο δέ μοι[
τοις πάντα[10

⌐

63

⌐

Sim Sonho de negra[
e ch[e]ga com o sono[

d[e]us doce que à angústia[
mas tira daqui todo o poder[

espero não ter parte no lo[te 5
nem nada dum deus[

pois eu negarei [. .
as joias . [

e venha pra mim[
pra todos[10

⌐

Papiro Oxirrinco 1787. Tudo indica que este fragmento pertence a um poema completo de 10 linhas, num hino ao deus Sonho.

64

]λακ[
]   ] . α[
]νί . [   ]αἴγα[
α]λίκεσσι[   ] . δο . [
]   ]   [5
]παίδων[
]δηον
]
]
    ]θεντ[10
    ] . θέοισ[
    ]ν αἰσχρ[
    ]
    ]α μοῖ[
    ]τετι[15

64

```
   ]lac[
   ]                    ] . a[
    ]nu . [             ]ege[
sal]gado[               ] . do . [
]                       ]    [           5
   ]crianças[
   ]am
   ]
   ]
       ]ace[                             10
       ] . deu[s
       ]m vergon[
       ]
       ]a me[
       ]lam[                             15
```

Papiro Oxirrinco 1787.

65

.....] ... α[
.....]ρομε[
.....] . ελασ[
. ροτ . ἤννεμε[
Ψάπφοι, σεφίλ[5
Κύπρωι β[α]σίλ[
καίτοι μέγα δ . [
ὄ]σσοις φαέθων [
πάνται κλέος [
καί σ' ἐνν Ἀχέρ[οντ 10
] . . [. . . . . .]νπ[

65

.....] ... a[
... Andr]ôme[da
.....] . segu[
. rosa . eme[
ó Safo te ado[5
r[a]inha de Chipre[
e grande . [
à]queles que brilha[
a glória pra todos [
você no Aquer[onte 10
] .. [......]mp[

 Papiro Oxirrinco 1787. Seria possível ler neste fragmento uma fala da própria deusa Afrodite para Safo? Nesse caso, ela prometeria a glória após a morte, num claro contraste com o frag. 55.
 v. 2: Sobre Andrômeda, cf. nota ao frag. 57.
 v. 10: Aqueronte é o rio do Hades, o mundo dos mortos.

66

ζαταν[   ]μο[

ἄμ' ἐξα[   ]οργι[
 .]α[   ]σπίο[
                  ].[

 ]μνα [5
 ].κατεγ[
  ]κεκ[

66

most[   ]mo[

com sei[   ]dan[
  .]a[   ]spio[
                    ] . [

  ]na [5
  ] . sobre[
   ]ed[

Papiro Oxirrinco 1787. Sigo a edição de Voigt.

a)

..]ων μα.[

κ]αὶ τοῦτ' ἐπικε.[
δ]αίμων ὀλοφ.[

]οὐ μὰν ἐφίλησ[
νῦν δ' ἔννεκα[5

τὸ δ' αἴτιον οὐτ[
οὐδὲν πόλυ[.].[

.] υδ' [¨

b)

].ουδε[
]ταυτα.[
]λαισιμ[
]πλήονι[
]' ἀμφ[5
].σθεο.[
]έρως.[

67

a)

. .]us bem . [

e] isto di. [
um n]um terri . [

mas] não adorav[
e agora por causa[5

e a culpa sequer[
nem muit[.] . [

.] nem [.

b)

      ] . e não[
      ]isso . [
    ]lasm[
    ]tant[
      ]cerc[5
      ] . te . [
      ]amor . [

Papiro Oxirrinco 1787. Sigo a edição de Voigt.

a)

>]ι γάρ μ' ἀπὺ τὰς ἐ.[
> ὔ]μως δ' ἔγεν[το
>   ] ἴσαν θέοισιν
>   ]ασαν ἀλίτρα[
>   Ἀν]δρομέδαν [.].αξ[5
>   ]αρ[...].α μάκα[ιρ]α
>   ]εον δὲ τρόπον α[.].ύνη[
>   ]κόρον οὐ κατισχε.[
>]κα[.....].Τυνδαρίδαι[ς
>]ασυ[.]...κα[.]χαρίεντ' ἀ.[10
>]κ' ἄδολον [μ]ηκέτι συν[
>] Μεγάρα.[..]να[...]α

b)

>   ]....φ[
>   ].[.]'θύρα.[
>]μοι χάλε.[
>   ]δεκύ[
>   ].οπάλην ὄλ[5
>   ]ε[

68

a)

        ]pois que distante e . [
          as]sim virar[am
            ela é] igual aos deuses
        ]errante[
          An]drômeda [.] . a[5
        ]en[. . .] . a aben[çoa]da
        ]dessa maneira a[.] . em[
        ]sem refrear fartur . [
]ca[. . . . .] . às Tindárida[s
]do[.] . . . e[.] graciosa [10
  ]e gentil [n]unca[
   ] Mégara . [. .]na[. . .]a

b)

        ] . . . . f[
     ] . [.] port . [
]mim difici . [
  ]dec[
    ] . opala te[5
    ]e[

Papiro Oxirrinco 1787. Na parte (b) sigo a edição de Voigt.
v. 5: Sobre Andrômeda, cf. nota ao frag. 57.
v. 6: "Abençoado" (μάκαιρος) é uma forma tradicional de se referir aos deuses.

v. 9: As Tindáridas, filhas de Tindareu, são Clitemnestra e Helena, duas mulheres que representam regularmente o papel de esposas infiéis e culpáveis. Outra possibilidade seria ler Tindáridas como uma referência aos irmãos Castor e Pólux, também filhos de Tindareu; nesse caso, a simbologia e interpretação poderia variar muito, mas é menos clara.

v. 12: Mégara (segundo *Suda*) é uma jovem que fazia parte do tíaso de Safo.

69

]ε..[.]τεγαμ[
]ας ἀλίτρα[
]ἔτ' αὐ[

69

]e. . [.] gam[
]errante[
　　]e o[

Papiro Oxirrinco 1787. Sigo a edição de Voigt.

70

]αμ . λ . [
]ναμ[
]ν δ' εἶμ' ε[
]ρσομέν[
]λικ' ὑπα[5
] ... [.]βα[
]ς γὰρ ἐπαυ[
] μάν κ' ἀπυθυσ[
]αρμονίας δ[
]αθην χόρον, ἄα[10
]δε λίγηα . [
]ατόν σφι[
] παντεσσι[
]επ[.] . [

70

      ]am . 1 . [
       ]nam[
        ]irei[
        s]acrifica[
         ]is so[5
      ] . . . [.]ba[
     ]pois aco[
] longe de[
  ]da harmonia[
]ela dança e[10
    ]cristalina . [
     ]pra vo[
] a todos[
   ]sobr[.] . [

Papiro Oxirrinco 1787. Sigo a edição de Voigt.

71

]μισσε Μίκα
]ελα[. .] ἀλλά σ' ἔγωὐκ ἐάσω
]ν φιλότ[ατ'] ἤλεο Πενθιλήαν[
]δα κα[κό]τροπ', ἄμμα[
] μέλ[ος] τι γλύκερον . [5
]α μελλιχόφων[ος
]δει, λίγυραι δ' ἄη[
] δρος[ό]εσσα[

71

]ia Mica
]ela[. .] porém não te permito
]deu-se aos a[more]s da Pentileia[
]da at[ro]z noss[
] doce can[ção] . [5
]canto de mel[
]e sutis rou[xinóis
] orval[h]ada[

Papiro Oxirrinco 1787.
 v. 1: Mica é provavelmente o nome de uma jovem do tíaso de Safo, ou então apelido que significaria "pequena".
 v. 3: As Pentileias seriam as mulheres da casa de Pentilo, antigo palácio real de Mitilene; sabemos que uma delas se casou com Pítaco de Mitilene. Alceu fazia parte do grupo adversário a Pítaco; poderíamos supor, pela oposição criada neste poema, que Safo também estaria numa posição política oposta, o que indicaria uma política dos grupos femininos em Lesbos. É difícil esclarecer a questão, mas ela parece muito instigante.
 v. 7: Sigo a edição de Brunet para este verso: ἄη[δοι (rouxinóis), uma conjetura de Hunt. Campbell segue a proposta de Lobel, ἄη[ται (ventos), que também parece convincente.

72

]ανόρ[
]αμμε[
]νπε[
]λην[
]τες· τ[5
] . ωνω[
 ]μώ[
  ] . [

72

]anor[
]nos[
]mp[
]ar[
]em t[5
] . ono[
  ]mo[
    ] . [

Papiro Oxirrinco 1787. Sigo a edição de Voigt.

73

a)

>]νβ . [.] . [.] υ
>]α
>]αν Ἀφροδι[τα
>ἀ]δύλογοι δ' ἐρ[
>]βαλλοι   5
>α]ις ἔχοισα
>] . ένα θααςˌς
>]άλλει
>]ας ἐέρσας [

b)

>]ω . [
>]ας[
>]ισ' ἐ[

73

a)

        ]mb . [.] . [.] u
        ]a
        ] Afrodi[te
       d]ocefalante am[
     ]lança   5
   a]s tinha
] . e sentan[do
]flora
]no sereno [

b)

  ]o . [
  ]as[
  ]a e[

Papiro Oxirrinco 1787. Sigo a edição de Voigt.

74

a)

]ων ἔκα[
]αιπόλ[
]μ . [
]βροδο[
]ονθ[
]φαιμ[

b)

]α[
]ποθο[
] . ώβα[

d)
   ] . [.] . ε[
   ]υπο . [
   ]μ[

c)

] . [
]ας ἴδρω[
] . υζαδ . [
]ιν[5

74

    a)   b)   c)

]e cen[   ]a[   ] . [
]bod[   ]dese[   ]a águ[
 ]m . [   ] . ob[   ] . ent . [
 ]róse[   ]in[
 ]ont[d)   5
]diz[   ] . [.] . e[
                ]mpo . [
                ]m[

Papiro Oxirrinco 1787. Sigo a edição de Voigt.

75

a)

]..[.].[
]ησαδ.[
]λα.[
]νίαν[
]δύ.[5
]ιμεδα[
]μαστε[
].κ[

b)

]κα[
].πιτα[
γέ]νεσθα[ι
]τῶ.[
]αν

c)

].[
]δετα[
]δέ...[
]˙μμι.[
]ταμέ.[5

75

a)

]..[.].[
]ess.[
]la.[
]nia[
]du.[5
]imed[
]peit[
].c[

b)

]e[
].pita[
se]torna[r
]o.[
]a

c)

].[
]deta[
]e...[
].er.[
]seq.[5

Papiro Oxirrinco 1787. Sigo a edição de Voigt.

76

]ανπα[
τε]λέσειε κ[
]ίηλελα[
]ε θέλω[
]εχην[5
]η· ἔφα . [
]αλίκ[

76

]apa[
des]ejasse r[
]enviae[
]e desejo[
]eram[5
]a diss . [
]idad[

Papiro Oxirrinco 1787. Sigo a edição de Voigt.

77

a)

]α . [
]σετα[
]υμαι . . [
˙]τεχαρα[
]ιδι δοῖς[
]δεν ἄμες[
]ος σύγ' ἀ[
] . λονα[
] . δαλ[

b)

] . [
]μήτε[
]δίαισα [
]ες· ἀλλ[
]φρα[5
] . [

c)

]ατω[
]ηας 10
]
]τας·

77

    a)   b)

       ]a . [   ] . [
      ]seta[   ]nem[
     ]aço . . [   ]dist [
    ́]e gra[   ]es mas[
     ]i dê[   ]fra[5
   ]em noss[   ] . [
    ]o com[
    ] . lon[c)
    ] . dal[
                  ]ado[
                 ]diz   10
                 ]
                 ]a

Papiro Oxirrinco 1787. Sigo a edição de Voigt.

78

].οναυ[
]ην οὐδε[
]ης ἵμερ[
].αι δ' ἄμα[
].ανθος·[5
ἵ]μερον[
]ετερπ[

78

    ] . ona[
    ]a nem[
      ]a desej[
    ] . a e no[
    ] . flor[5
      d]esejo[
        ]praz[

Papiro Oxirrinco 1787. Sigo a edição de Voigt.

79

```
        ]νμ[
        ]ω[
        ]το . [
]τ' αὖτον . [
]ω πέλετ[                    5
   ]να[
```

79

]m[
]o[
]o . [
]próprio . [
]oµov[5
]na[

Papiro Oxirrinco 1787. Sigo a edição de Voigt.

80

] . [
] . τοσεσ . [
]παντα[
]ι δ' ἀτέρα[
]λοκα[5
] . [

80

```
        ] . [
     ] . ose . [
    ]tudo[
     ]e sem[
        ]belei[                                5
          ] . [
```

Papiro Oxirrinco 1787. Sigo a edição de Voigt.

81

]απύθεσ . [
]χισταλ[
]εμπ[
σὺ δὲ στεφάνοις, ὦ Δίκα, πέρθεσθ' ἐράτοις φόβαισιν
ὄρπακας ἀνήτω συν<α>έρραισ' ἀπάλαισι χέρσιν·   5
εὐάνθεα †γὰρ πέλεται† καὶ Χάριτες μάκαιραι
μᾶλλον προτόρην, ἀστεφανώτοισι δ' ἀπυστρέφονται.

81

          ]deix . [
          ]rápid[
          ]env[
ah Dica o melhor é coroar flores nos teus cabelos
colhendo rebentos dos anetos nas mãozinhas tenras   5
pois Graças sagradas †contemplaram† às bem coroadas
e às descoroadas devotaram a desconfiança

    Papiro Oxirrinco 1787. Fragmento também citado por Ateneu, *Banquete dos sofistas* 15.674e, onde indica que, no trecho, Safo aconselharia às mulheres que prestam sacrifícios que se coroassem, pois o mais adornado seria mais agradável aos deuses.
    v. 4: Dica é provavelmente uma jovem do tíaso de Safo, e talvez seja a mesma Mnasídica que aparece no próximo fragmento: o nome das duas aparece apenas neste *corpus* de Safo.
    vv. 6-7: O texto está corrompido.

82

a) ⌐

Εὐμορφοτέρα Μνασιδίκα τὰς ἀπάλας Γυρίννως

b)

καίτ' ἐ[
μηδεν[

νῦν δ' ἀ[
μὴ βόλλε[

εὐ]μορφο[τέρα 5

82

a)   ⌐

Mnasídica mais linda e sutil do que a gentil Girino

b)

porém[
e nada[

agora[
nem queira[

ma]is li[nda   5

    a) Fragmento citado por Hefestião, *Manual de métrica* 11.5.
    b) Papiro Oxirrinco 1787. Sigo a edição de Voigt, que une os dois trechos.
    v. 1: Mnasídica (cf. frag. 81) e Girino (cf. frag. 29) são duas meninas que faziam parte do tíaso de Safo.

83

```
        ] . αί . [
       ]λ' αὖθι με[
       ]νώμεθ' ὁ[
       ] δηὖτ' ἐπιτ[
       ]έντηδεμ[                5
       ] . α γὰρ ἑκά[
            ] . [ . ] . [
```

83

]. as . [
] lá me[
]regra o[
] de novo a[
]nadep[5
] . pois de[
]. [.] . [

Papiro Oxirrinco 1787. Sigo a edição de Voigt.

84

```
              ] . αις[
              ] . ικιπ[
]ωνκ[ . . ] . [ . ?]ίνα[
]τονόνε . [ . ?] . οσε[
]άβροις ἐπιχ[?]ημ[                 5
]αν Ἀρτεμι[
 ]ναβλ[
```

84

```
                    ] . as[
                    ] . ici[
]onc[ . . ] . [ . ?]ina[
]ton . [ . ?] . os[
]entas  borr[?]scas[                  5
]a Ártemis[
  ]nab[
```

Papiro Oxirrinco 1787. Sigo a edição de Voigt.

85

a)

]..
˙]λβον
]ακούην
]αύταν

b)

]πάμενα[
]τ' ὦστ' ὁ πέλη[
]ακαν σό[

85

a)   b)

    ] . .   ]possui[
   ́]eliz   ]feito um velho[
  ]escutar   ]a sa[
  ]própria

Papiro Oxirrinco 1787. Sigo a edição de Voigt. Na edição de Lobel-Page há duas colunas em estado absolutamente ininteligível, que deixei de lado.

86

].ακάλα.[
] αἰγιόχω λα[
]. Κυθέρη' εὔχομ[
　]ον ἔχοισα θῦμο[ν
　κλ]ῦθί μ' ἄρας αἴ π[οτα κἀτέρωτα　　　　5
　　]ας προλίποισα κ[
　　]. πεδ' ἔμαν ἰώ[
　　　].ν χαλέπαι.[

86

    ] . suave . [
    ] senhor da égide[
    ] . peço-te Citereia[
      ]com peito[
      es]cuta esta voz se é[que uma vez ouvindo   5
        ]deixou C[
        ] . pra mim[
          ] . difícil . [

Papiro Oxirrinco 1787.
    v. 2: A égide era uma espécie de amuleto divino usado por Zeus ou Afrodite, que tinha o poder de proteger seu dono e assustar os inimigos.
    v. 3: Citereia é um epíteto de Afrodite associada ao culto em Citera.

87

a/d)

v. 1   ]αμμ[
v. 4   ]κλεηδον   ]ρπον ἄβαν
v. 5   ] . πλοκαμ[
v. 7   ]ἀνθρώπ[

b/e)

v. 2   μ]εριμνα[β]ασιλη

f)

v. 5   ]εσιππ[

87

a/d)

v. 1	]nos[	
v. 4	]presságio	]juventude
v. 5	] . cabelei[ra	
v. 7	]human[	

b/e)

| v. 2 | a]flição[| r]ainha |

f)

| v. 5 | | Tele]sip[a |

Papiro Oxirrinco 1787. Trata-se de outro longo fragmento em frangalhos, que nem é editado por Campbell; por isso optei por seguir o resumo de Battistini.
    f) v. 5: Telesipa (aqui como conjetura na tradução) é o nome de uma das jovens do tíaso de Safo.

a)

>   ] . [
>
>   ]ν προ .. [
>   ]νως πρὸς πότ[
>   ] . ατον χάλα[
>
>   ] . θέλοις· οὐδυ[5
>   ] . άσδοισ' ὀλιγα[
>   ] . ένα φέρεσθα[ι

b)   ] . φια τισ ... [
ἐμ[   ] . δ' ἄδιον εἰσορ[
τοῦ[ο]ἶσθα καΰτα· 10

κ[λέ]λαθ' ἀλλονιά[
σε[   ] . αν· τιραδ[
ἠ[   ]αί τις εἴποι

ἀ[   ] . σαν· ἔγω τε γαρ[
φιλη[   ]μ' ἆς κεν ἔνηι μ'[15
κᾶλ . [   ]αι μελήσην·

ἔστ . [   ]φίλα φαῖμ' ἐχύρα γέ[νεσθαι
.]χα[   ]ενα[.]αις· ἀτ[
            ] .. δ' ὀνιαρ[.]σ[

88

a)

] . [

]m pro . . [
]o já qu[
] . do rela[

] . quer nem[5
] . ia de pouco[
] . a se leva[r

b)   ] . fia qu . . . [
so[   ] . mais doce de ver[
iss[vo]cê bem sabe 10

e[es]quecera[
te[   ] . a tir[
a[   ]se alguém dissesse

a[   ] . e pois eu[
ama[   ]quanto me resta[15
cha . [   ]preocupa

est . [   ]digo que fui sempre fiel am[iga
.]ca[   ]na[.]as e[
              ] . . doloros[.]s[

]. πίκρος ὔμ[20
]. [.] τα . θᾶδ[
]. α τόδε δ' ἴσ[θ

]. ὤττι σ' ἐ . [
]α φιλήσω[
]τω τι λο[25

]σσον γὰρ . [
]σθαι βελέω[ν
] . . [

], . amargo v[20
] . [.] os . ta[
] . pode saber dis[so

] . que te e . [
]a amarei[
]o que l[25

]pois prefir . [
]er dardo[s
] . . [

Papiro Oxirrinco 2290. O fim da passagem parece fazer referência às flechas de Ártemis.

89

[*vacat*]

89

[*vazio*]

O fragmento 89 está ausente de todas as edições, aparecendo como *vacat*.

[*Commentarius*]

frag. 1(a) col. ii 5 ss.   ]Κυθερήας τρόφος[   ] ἐν ἄλλοις δὲ θυγατέρα τῆς Ἀφροδίτης εἴρηκε τὴν Πειθώ

24 ss.   ]τανυπτερυγ . [

col. iii 12 ss.   ἀγε]ρώχου[ς . . . ἄγαν ἐχού]σας γέρας· . . . καὶ Γυρινν [. . . τας τοιαύτας . . . ἔ]γω τὸ κἀλλος ἐπετ . [. . . μέ<σ>δον· τί γαρ ἠνεμ[. . .] εἶναι καὶ ἀρετῆς πο[. . . ἀλ]λὰ μήποτε λέγει ὅτι ο[. . .] καλλι εὐφήμεισθα [   ] μοι ζεφύρω πνευμα[. . .] σοὶ δ' ἀν[εμ]οφόρητο [. . .] νονδεκα . [   ]ς παιτασμ[πρὸς Ἀνδρομέ]δην γέγρα[πται] ὑπὸ Ἀνδ[ρομέδης . . .

frag. 10(a)   3.] λατως . [14 ss. εν ταύτηι] τηι ὠ<ι>δῆ<ι> λέ[γει ὅτι . . .] Ἀτθίδος [. . .

90

[*Comentário*]

frag. 1(a) col. ii 5 ss.   ]prole de Citereia[   ] noutras partes ela diz que Sedução é filha de Afrodite

24 ss.   ]amplialad . [

col. iii 12 ss.   que org]ulhos[a . . . são as que têm mui]to privilégio: . . . e Girino[. . . essas . . . e]u . . . o belo . [. . . ma<i>or pois o que er[. . .] que era da excelência[. . . ma]s talvez queira dizer que[. . .] beleza [   ] que o sopro do Zéfiro cale em mim[. . .] mas em você ven[ti]levada [. . .] . [   ]isso[deve ter] sido escrito para Andrô[meda] por And[rômeda . . .

frag. 10(a)   3.   ] Leto . [14 ss.   nessa]   ca<n>çã<o> ela d[iz que . . .] Átis [. . .

Papiro Oxirrinco 2293, séc. II d.C. Trata-se de um comentário antigo a Safo, preservado em papiro, também em estado lastimável. A edição de Campbell é uma seleta dos trechos mais compreensíveis.

Frag. 1(a): Sedução aparece como uma divindade.

251   Livro IV

91

ἀσαροτέρας οὐδάμα πΩΐρανα σέθεν τύχοισαν

91

jamais conheci ser mais atroz do que você Irana

Fragmento citado por Hefestião, *Manual de métrica* 11.5 (cf. frag. 82). Não sabemos quem seria Irana (cf. frag. 135), ou Irene, mas o nome também é usado como designação da deusa Paz.

Livro V

92

[
[
πε[
κρ[. . . . .]περ[
πέπλον[. . .]πυσχ[5
καὶ κλε[. .]σαω[
κροκοεντα[
πέπλον πορφυ[ρ . . . .]δεξω[.]
χλαιναι περσ[
στέφανοι περ[10
καλ[.]οςσαμ[
φρυ[
πορφ[υρ
ταπα[
[15
π[

92

[
[
pe[
dou[. . . . .]por[
veste[. . .]pis[5
e glo[. .]os[
açafrão[
veste púrpu[ra . . . .]exa[.]
manta pe[
coroas d[10
bel[.]o q[
fri[
púrp[ura
osp[
[15
p[

Pergaminho de Berlim 9722, do séc. VI d.C. Os fragmentos 92-6 pertencem a uma só sequência desse pergaminho, o que mostra como a poesia de Safo ainda era lida e copiada na Idade Média. Sigo a edição de Voigt.

93

]ις . . . εγ
]ω
]μοις
]αλιαν εχω
]παρθενων 5

93

]is ... ém
]ou
]ar
]posso ter
]virginais 5

Pergaminho de Berlim 9722. Sigo a edição de Voigt.

94

τεθνάκην δ' ἀδόλως θέλω·
ἄ με ψισδομένα κατελίμπανεν

πόλλα καὶ τόδ' ἔειπέ [μοι·
'ὤιμ' ὠς δεῖνα πεπ[όνθ]αμεν,
Ψάπφ', ἦ μάν σ' ἀέκοισ' ἀπυλιμπάνω.' 5

τὰν δ' ἔγω τάδ' ἀμειβόμαν·
'χαίροισ' ἔρχεο κἄμεθεν
μέμναισ', οἶσθα γὰρ ὤς σε πεδήπομεν·

αἰ δὲ μή, ἀλλά σ' ἔγω θέλω
ὄμναισαι [. . . .] . [. . .] . . αι 10
. . [   ] καὶ κάλ' ἐπάσχομεν.

πό[λλοις γὰρ στέφαν]οις ἴων
καὶ βρ[όδων κρο]κίων τ' ὔμοι
κα . . [   ] πὰρ ἔμοι περεθήκαο,

καὶ πό[λλαις ὐπα]θύμιδας 15
πλέκ[ταις ἀμφ' ἀ]πάλαι δέραι
ἀνθέων ἔ[βαλες] πεποημμέναις,

καὶ πολλωι[   ] . μύρωι
βρενθείωι . [   ]ρυ[. .]ν
ἐξαλείψαο κα[ὶ βασ]ιληίωι, 20

260

94

só desejo morrer sem mais
e ela assim me largava com lágrimas

infinitas e ao fim [falou
"ah so[fre]mos a sorte cruel
Safo e meu coração se recusa ao fim"

eu com pressa lhe respondi
"vai alegre mas vai lembrar
de mim sim e sabendo que amei você

mas insisto e desejo só
que nos preze [. . . .] . [. . .] . . e
. . [   ] presa ao maior prazer

as co[roas com açafr]ão
viole[tas e ro]sas vi
que você . . [   ] junto a mim

no pe[scoço sua]ve vão
mais guir[landas inú]meras
consagrando o en[trelace] de fina flor

fartos[   ] . perfumes na
linda face . [   ]ri[. .]m
numa tez de ra[inha] você se fez

καὶ στρώμν[αν ἐ]πὶ μολθάκαν
ἀπάλαν πα . [   ] . . . ων
ἐξίης πόθο[ν   ] . νίδων

κωὔτε τις [οὔ]τε τι
ἶρον οὐδυ[   ]   25
ἔπλετ᾿ ὄππ[οθεν ἄμ]μες ἀπέσκομεν,

οὐκ ἄλσος . [χ]όρος
                          ]ψόφος
                          ] . . . οιδιαι

e num lei[to] sutílimo
com suave . [   ] . . . ão
saciar o des[ejo   ] . is

não havia [n]em
santuário[   ]   25
nós estáv[amos tão afast]adas dali

nem caverna . [dan]ças ou
             ]um som
             ] . . . ém

    Pergaminho de Berlim 9722. Fragmento citado por Ateneu, *Banquete dos sofistas* 15.674d. Não é possível saber quem fala o primeiro verso: Safo ou a jovem?

95

. ου[

ἦρ' ἀ[
δηρατ . [
Γογγυλα . [

ἦ τι σᾶμ' ἐθε . [5
παισι μάλιστα . [
μας γ' εἴσηλθ' ἐπ . [

εἶπον· 'ὦ δέσποτ', ἐπ . [
ο]ὐ μὰ γὰρ μάκαιραν [ἔνωγ'
ο]ὐδὲν ἄδομ' ἔπαρθα γᾶ[ς ἔοισα 10

κατθάνην δ' ἴμερός τις [ἔχει με καὶ
λωτίνοις δροσόεντας [ὄ-
χ[θ]οις ἴδην Ἀχερ[

.] . . δεσαιδ' . [
.] . . δετο . [15
μητι . . [

95

. u[

primavera[
uma era . [
Gôngula . [

com certeza um sinal . [5
sobretudo . [
Hermes] se aproximou . [

eu lhe disse "senhor so . [
juro] pelos divinos [dons
que n]ão sinto prazer de es[tar por terra 10

e um desejo me diz que é mel[hor morrer
encarando os orvalhos [e os
lótus l[á] do Aquer[onte

.] . . aohad . [
.] . . do . [15
nem . . [

    Pergaminho de Berlim 9722. Sigo a edição de Brunet.
    vv. 2-4: Sobre Gôngula, cf. nota ao frag. 22. Como anedota, vale lembrar que, no descobrimento desse pergaminho, Ezra Pound fez um poema-tradução intitulado "Papyrus", que se tornou famoso:

Spring . . .
Too long . . .
Gongula . . .

Embora a leitura de Pound seja ousada e pouco acurada para os versos ininteligíveis, sigo a sua lógica (ἦρ'α evoca ἔαρ, "primavera", δηρατ pode indicar duração, "uma era"), tal como Alvaro Antunes.

v. 7: Hermes é um deus com várias funções, tais como intermediário dos deuses e humanos ou guia das almas dos mortos; o segundo caso poderia relacionar a conversa com Hermes ao desejo de morte.

]Σαρδ . [. .]
πόλ]λακι τυίδε [ν]ῶν ἔχοισα

ὠσπ . [. . .] . ώομεν, . [. . .] . . χ[. .]-
 -σε θέαι σ' ικέλαν ἀρι-
  γνώται, σᾶι δὲ μάλιστ' ἔχαιρε μόλπαι·   5

νῦν δὲ Λύδαισιν ἐμπρέπεται γυναί-
 κεσσιν ὠς ποτ' ἀελίω
  δύντος ἀ βροδοδάκτυλος <σελάννα>

πάντα περρέχοισ' ἄστρα· φάος δ' ἐπί-
 σχει θάλασσαν ἐπ' ἀλμύραν   10
  ἴσως καὶ πολυανθέμοις ἀρούραις·

ἀ δ' ἐέρσα κάλα κέχυται, τεθά-
 λαισι δὲ βρόδα κἄπαλ' ἄν-
  θρυσκα καὶ μελίλωτος ἀνθεμώδης·

πόλλα δὲ ζαφοίταισ' ἀγάνας ἐπι-   15
 μνάσθεισ' Ἄτθιδος ἰμέρωι
  λέπταν ποι φρένα κ[ᾶ]ρ[ι σᾶι] βόρηται·

κῆθι δ' ἔλθην ἄμμ . [. .] . . ισα τόδ' οὐ
 νῶντ' ἀ[. .]υστονυμ[. . .] πόλυς
  γαρύει [. . .]αλον[. . . . . .] . ο μέσσον·   20

96

        ]Sardes [. .]
        amiú]de mudando sua [men]te

como [. . .] . nós . [. . .] . . c[onside-
    rou-te igual à famosa deu-
        sa e adorou o teu canto mais que tudo   5

ela agora reluz em redor das lí-
    dias mulheres tal como ao pôr-
        do-sol vem dedirrósea leve <lua>

suprimindo as estrelas levando assim
    suas luzes ao mar de sal   10
        e ao compasso de multiflóreos campos

eis se espalha o belíssimo orvalho flo-
    rescem rosas suaves com
        cerefólios e flor de melilotos

sempre que entra em deriva de pronto só   15
    pensa em Átis de fino amor
        e o destino [dest]rói [seu] peito frágil

pra chegar . [. .] . . nós aqui
    sobre a mente[. .]ist[. . .] assim
        canta muito [. . .]ma[. . . . . .] . no meio   20

ε]ὔμαρ[ες μ]ὲν οὐκ ἄμμι θέαισι μόρ-
  φαν ἐπή[ρατ]ον ἐξίσω-
    σθαι συ[. .]ρος ἔχηισθ' ἀ[. . .] . νίδηον

          ]το[. . . .]ρατι-
μαλ[   ] . ερος   25
  καὶ δ[.]μ[   ]ος Ἀφροδίτα

καμ[   ] νέκταρ ἔχευ' ἀπὺ
  χρυσίας [   ]ναν
    . . . .]απουρ[   ] χέρσι Πείθω

        ]θ[. .]ησενη   30
          πόλλ]ακις
          ] . . . . . . αι

        ]ες τὸ Γεραίστιον
        ]ν φίλαι
            ]υστον οὐδενο[35

        ]ερον ἰξο[μ

não é fácil pra nós igualar a for-
     ma fo[rmo]sa das belas deu-
        sas [. . vo]cê levava e[. . .] . ônio

                  ]o[. . . .]de-
     m[   ] . mor   25
        e [.]m[   ]o Afrodite

e[   ] néctar derramou
   num dourado [   ]a
      . . . .]Sedução nas mãos[

               ]m[. .]rer   30
                  inúmer]as
                  ] . . . . . . e

               ]para o Geresteu
               ]queridas
                  ]o ne[nhum   35

            ]venh[

    Pergaminho de Berlim 9722. É provável que a grande presença de "nós" ao longo do poema (vv. 3, 18 e 21) indique uma performance coral. Sigo a edição de Brunet.
    v. 1: Sobre Sardes, cf. nota ao frag. 16.
    v. 7: Em Homero, dedirrósea é a Aurora; a mudança de paradigma para a lua noturna é, no mínimo, o máximo da poética lírica em contraste à épica (cf. frags. 103 e 123).
    v. 29: Sobre Sedução, cf. frag. 90 e nota.
    v. 34: Geresteu era o nome do templo de Posêidon sobre Geresto, um promontório da Eubeia.

[1-12 legi non possunt]

αερ[
περα[
κυ[15
σιν[
συδ'..[
του..[.υπνου

[19-23 legi non possunt]

καλλεαυ[
περιπτερα[25
<αν>
.]νιελεφαν[
..]ρπασκα.[

97

[1-12 *não são legíveis*]

ar[
cer[
ch[15
sim[
sub . . [
do . . [. sono

[19-23 *não são legíveis*]

belo e[
pelas plumas[25
<se>
.]emarfim[
. .]aca . [

98

a)

..] . θος· ἀ γάρ με γέννα[τ' ἔφα ποτά

σ]φας ἐπ' ἀλικίας μέγ[αν
κ]όσμον, αἴ τις ἔχη φόβα‹ι›ς[
πορφύρωι κατελιξαμέ[να πλόκωι

ἔμμεναι μάλα τοῦτο δ[ή 5
ἀλλ' ἀ ξανθοτέραις ἔχη[
ταὶς κόμαις δάιδος προ[

σ]τεφάνοισιν ἐπαρτια[ις
ἀνθέων ἐριθαλέων·
μ]ιτράναν δ' ἀρτίως κλ[10

ποικίλαν ἀπὺ Σαρδίω[ν
... Ἰ]αονίας πόλις [

b)

σοὶ δ' ἔγω Κλέι ποικίλαν
οὐκ ἔχω πόθεν ἔσσεται
μιτράν‹αν›· ἀλλὰ τὼι Μυτιληνάωι

* * *

98

a)

. .] . o pois minha mãe [falou

q]ue no cimo do seu v[igor
n]o enfeite seria só[
enlaçar os cabelos d[e púrpura

atingindo o melhor do[mel 5
mas se a moça for inda mais[
clara e loira que o fogo[

a mais justa coroa [traz
entrelace em botões de flor
uma] fita afinada cl[10

lá de Sardes em furta[-cor
. . . c]idade da Jônia [

b)

uma fita não posso achar
furta-cor pra você Cleís
mas <ao> bom mitileno será talvez

   * * *

            ].[
παι.α.ειον ἔχην πο.[5
αἰκε.η ποικιλασκ....[

ταῦτα τὰς Κλεανακτίδα[ν
φύγας †..ισαπολισεχει†
μνάματ'·.ἴδε γὰρ αἶνα διέρρυε[ν

          ] . [
] ter ar . a . ca a ci . [5
se es . a . tão colorida . . . . [

para os filhos de Cléana[x
num exílio † acidadetem†
monumentos no seu desperdício atro[z

    Papiro de Copenhagen 301. Este é um dos papiros mais antigos que temos de Safo, datado do séc. III a.C.
    a)
    v. 1: Sigo a edição de Brunet.
    v. 12: Sigo a edição de Brunet.
    b)
    v. 1: Cleís, segundo testemunhos antigos, seria filha de Safo (cf. 132).
    vv. 7-9: Um dos descendentes de Cléanax foi Mirsilo, político aliado a Pítaco (cf. nota ao frag. 71); o que poderia explicar por que Safo não consegue comprar a fita: a causa seria política. Por outro lado, se supusermos que Safo de fato foi exilada por volta de 590 a.C., pode ser que o poema trate do sofrimento dos exilados: em contraste com a juventude perto da mãe, agora o sofrimento perto da filha.

99

a)

.] . γα . πεδὰ βαῖο[ν   ] . α

δ[.]οῖ Πωλυανακτ[ίδ]αις [
... αισσαμιασι . ιε . [.]τοις .... [.]

χόρδαισι διακρέκην
ὄλισβ . δόκοισ‹ι› περκαθ .... ενος   5

.. ου . [..]σι φιλοφ[ρό]νως
   ] .... δε' ἐλελισδ[ε]ται πρ . τανέως
   ] ωνος δὲ διο[..]ω.
      ] . υαλωδ' . [.] .. ενητε [..] . χ ..

      ⌐

b)   ⌐

Λάτως] τε καὶ Δί[ος] πάϊ [.]
      ] .. ε ... [.] ἔπιθ' ὀργίαν [
Γρύνηαν] ὐλώδη‹ν› λίπων
      ] . εν χρη[σ]τήριον
      ] . [   ] . ευμεσ[..] . [.]ων   5
      ] .... [.....]
      ] ...... α[..]εραις
      ]ρσανον[.] .. ργιαν
      ]υσομεν [   ]
      ]ν ὑμνε[   ]   10

278

99

a)

.] . depois de um bre[ve   ] . a

às [t]ais Polianáct[id]as [
. . . assema . e . [.]os . . . . [.]

acordam na corda um som
e senta<m> no seu consolo v . . . . o   5

. . o . [. .]s alegr[ís]sima
   ] . . . . e tre[m]e e . maior
      ] ão e di[. .]m.
         ] . verd . [.] . . enem [. .] . c . .

      ¬

b)   ¬

Você que vem de [Leto] e Z[eus
      ] . . e . . . [.] venha aos rituais [
deixar [Grineia] e os bosqu<es> teus
      ] . ao or[á]culo
      ] . [   ] . eum[. .] . [.]m   5
      ] . . . . [. . . . .]
      ] . . . . . . a [. .]ais
    ]ors[.] . . uais
    ]amos [ ]
    ]hineia[   ]   10

κα[   ]ενα[.]φο.[...]ν.αδελφέαν
ωσπαι[   ].ιο.[...].[   ]

.υτισδε[...]κει.θελη[   ]
δειχνυς[...]ε δηῦτε Πωλυνακτίδαν
τον μάργον ὄνδειξαι θέλω.   15

c)

..στος.[
ϝ..πα[

ωνηρ[
καιφαι.[

ταισπα.[5
ἀκρωδ[

φοιται.[
.].ταισε[
   ]..[
ξύσα[10
αὐτανε[
ἀγκωνα[

ἐκπαισ'ο[
οὐτο[
ταν[15

ωσδ[
αιμ' ο.[
πίκ.[

280

e[   ]na[.]f . [. . .] . il irmã
ol[   ] . io . [. . .] . [   ]

. eque[. . .]do . dese[   ]
de novo indic[. . .] Polianáctida
e quero expor o louco a nu.   15

c)

. . s to . [
v . . fi[

o home[
e fe . [

às p . [5
acrod[

vaga . [
.] . e às[
    ] . . [
e ass[10
com pró[
abraç[

sorr[
est[
a[15

tal[
conj . [
am . [

[
..]σ.[20
εὐο[.]δα.[

αὐαδεσ[
κακ πτ.[
ωπαιδ[

ημαν.[25

[
. .]s . [20
im[.]g . [

desgosto[
e p . [
crian[

e noss . [25

Papiro Oxirrinco 2291, do séc. III d.C. Sigo alguns passos da edição de Voigt, embora ela edite este fragmento como 303A de Alceu.
    a)
    v. 5: O trecho está muito corrompido, mas é possível supor que temos aqui uma crítica às descendentes de Políanax, que tocam lira e se entregam a dildos. Seja como for, é interessante ver essa relação entre cultura do canto feminino e uso de instrumentos sexuais.
    b)
    Este fragmento, já em outro metro, é uma invocação a Apolo.
    v. 3: O bosque sagrado de Grineia estava situado na Ásia Menor.
    v. 11: A irmã é muito provavelmente Ártemis.

100

ἀμφὶ δ' ἄβροισ' < > λασίοισ' εὖ <ϝ'> ἐπύκασσεν

100

então em torno < > com linhos leves <a> cobriram

Fragmento citado por Pólux, *Vocabulário* 7.73, indicando pertencer ao Livro V de Safo no mundo helenístico. Sigo a edição de Voigt.

101

χερρόμακτρα δὲ †καγγόνων†
πορφύραι καταύτμενα
τα τοι Μνᾶσις ἔπεμψ' ἀπὺ Φωκάας
δῶρα τίμια †καγγόνων†

101

e estas faixas [. . .]
perfumadas e púrpuras
que hoje Mnásis importa da Fócia
caros dons [. . .]

Fragmento citado por Ateneu, *Banquete dos sofistas* 9.410e, que nos informa que este trecho pertencia ao Livro V e se endereçava a Afrodite; o primeiro termo do trecho é discutido por filólogos; sigo a própria interpretação de Ateneu, de que seria uma faixa para o cabelo. O que está entre cruzes não é compreendido pelos estudiosos, por isso deixo o sinal de lacuna na tradução ([. . .]).
  v. 3: O trecho todo está muito corrompido, mas sigo aqui a conjetura de Wilamowitz, incorporada à edição de Brunet e Guidorizzi, que também aparece sugerida nas traduções de Campbell e de Battistini.

101A

πτερύγων δ' ὐπα
κακχέει λιγύραν ἀοίδαν,
ὄπποτα φλόγιον †καθέ-
ταν† ἐπιπτάμενον †καταυδείη†

101A

      e das asas vem
derramar o seu claro canto
toda vez que em †verão† arden-
te revoa na †gritaria†

    Fragmento citado por Demétrio, *Do estilo* 142. Voigt é a única editora a atribuir este fragmento a Safo, enquanto os outros o numeram como o fragmento 347b de Alceu. Numa sequência de exemplos sáficos, este trecho é citado por Demétrio, que nos informa que a passagem trataria da cigarra. O metro, no entanto, é incerto, bem como o texto.

Livro VI

Até hoje não foram encontrados fragmentos do Livro VI.

Livro VII

102

⌐

Γλύκηα μᾶτερ, οὔτοι δύναμαι κρέκην τὸν ἴστον
πόθωι δάμεισα παῖδος βραδίναν δι' Ἀφροδίταν

102

⌐

Não posso ó doce mãe mais enredar a minha trama
domada de desejo por criança de Afrodite

Fragmento citado por Hefestião, *Manual de métrica* 10.5. Este fragmento famoso mostra os efeitos do amor por oposição ao trabalho; a jovem apaixonada não consegue mais tecer no tear e lamenta à mãe, numa tópica similar à que veremos séculos depois nas cantigas de amigo galego-portuguesas.
Este fragmento é o único que temos do Livro VII, segundo a interpretação de Lobel-Page.

Livro VIII

103

]. ω[
]σαν ἐν τῶι . [
] . δὲ ι καὶ ἑκάστης ὁ α[

] . εν τὸ γὰρ ἔννεπε[.]η προβ[
] . ατε τὰν εὔποδα νύμφαν [
]τα παῖδα Κρονίδα τὰν ἰόκ[ολπ]ον [
] . ς ὄργαν θεμένα τὰν ἰόκ[ολ]πος α[
] . . ἄγναι Χάριτες Πιέριδέ[ς τε] Μοῖ[σαι   5
] . [. ὅ]πποτ' ἀοιδαι φρέν[. . .]αν . [
]σαιοισα λιγύραν [ἀοί]δαν
γά]μβρον, ἄσαροι γὰρ ὐμαλικ[
]σε φόβαισι‹ν› θεμένα λύρα . [
] . . η χρυσοπέδιλλ[ο]ς Αὔως [10

] .   στίχ(οι) ‹ρλ›[ ]
] μετὰ τὴν πρώτην [
]φέρονται ἐπιγεγρα[
ἐπιθα]λά‹μια›
] . υβλίου καὶ βέλτιο[ν

103

   ] . o[
   ]a no . [
 ] . e dez [livros] e cada um com a primeira [linha

] . pois ao falar pa[.]a pro[
] . e de pés belos a noiva [
]e assim filha de Crono eis vi[ole]ta [
] . deixou sua paixão essa vi[ole]ta[
]as vêm Piéri[des] vêm Mu[sas] e puras Graças   5
 ] . [. q]uando a canção che[. . .] ment[e
 ]escutou logo seu [can]to claro
 no]ivo e seus mais desprezíveis[
 ca]chos. e então deixa sua lira . [
 ] . . a auricalçad[a] Aurora [10

  ] . [Livro VIII, vv. 130-9] [ ]
   ] depois da primeira [
   ] levam o título [
  Epita]lâ<mios>
  ] . do livro e o melhor[

Papiro Oxirrinco 2294, séc. II d.C. Este fragmento parece ser parte de uma anotação bibliográfica que comentaria alguns poemas do Livro VIII de Safo e do IX; o resultado parece ser uma listagem de poemas ou inícios de poemas. Cf. frag. 123.

103A

a)

  col. i   col. ii

  ]   σμικρ[
  ]θην   τὰν σφ[
  ]οις   πολλα[
  ]   πρὶγ γα[

  ]οι   πόλλαις[5
  ]   τὼν σφῶ[ν
  ]   ὠδαμελ[
  ]   χει[¬
  ]

         Γόργ[

b)

     εἰς Κυπ[
     ι — — . [
     — — — τ[
     — — — ωγ[
     —

103A

a)

    col. i   col. ii

    ]   micr[
    ]va   a es[
    ]os   muita[
    ]   ant[

    ]o   muitas[5
    ]   del[as
    ]   odemel[
    ]   mã[
    ]

                          Gorg[o

b)

        à Cípr[is
        i — — . [
        — — — t[
        — — — ov[
        —

    Papiro do Cairo. Sigo a edição de Voigt, acrescentando as hipóteses de Gorgo e Cípris.

103B = i.a. 26

]ρηον θάλαμω τωδεσ[
]ις εὔποδα νύμφαν ἀβ[
 ] . νυνδ[
 ]ν μοι·[
  ]ας γε . [5

103B = i.a. 26

]seu tálamo co[
] de pés belos a noiva a[
    ] . hoje e[
]a mim[
   ]e d . [5

Papiro Oxirrinco 2308, do séc. II-III d.C., que foi editado por Lobel-Page como de autoria incerta 26. Sigo a edição de Voigt.

Livro IX (Epitalâmios)

104

a)

Ἔσπερε πάντα φέρων ὅσα φαίνολις ἐσκέδασ' Αὔως,
†φέρεις ὄιν, φέρεις† αἶγα, φέρεις ἄπυ μάτερι παῖδα.

b)

ἀστέρων πάντων ὁ κάλλιστος

104

a)

Vésper trazendo de tudo que espalha a claríssima Aurora
†e traz ovelha e traz† bodes e traz para a mãe os filhotes

b)

dentre os astros todos mais belo

Fragmentos (a) citado por Demétrio, *Do estilo* 141; e (b) citado por Himério, *Orações* 46.8. Aqui talvez começasse o Livro de Epitalâmios atribuídos a Safo.

105

a)

οἶον τὸ γλυκύμαλον ἐρεύθεται ἄκρωι ἐπ' ὔσδωι,
ἄκρον ἐπ' ἀκροτάτωι, λελάθοντο δὲ μαλοδρόπηες,
οὐ μὰν ἐκλελάθοντ', ἀλλ' οὐκ ἐδύναντ' ἐπίκεσθαι

b)

οἴαν τὰν ὑάκινθον ἐν ὤρεσι ποίμενες ἄνδρες
πόσσι καταστείβοισι, χάμαι δέ τε πόρφυρον ἄνθος . . .

105

a)

como a doce maçã que enrubesce no galho mais alto
no alto do alto e que o colhedor de maçãs esquecia —
não esquecia mas nunca seria capaz de alcançá-la

b)

como aquele jacinto dos montes que os pobres pastores
pisam e esmagam flor de pétala púrpura em terra . . .

    Dois símiles muito provavelmente de poética epitalâmia, mas que não podem ser comprovados pela perfeita ausência da jovem, como bem atenta Anne Carson: o primeiro símile, citado por Siriano (sobre Hermógenes, 1.1) compararia a noiva com uma maçã rara e inalcançável (há ainda um testemunho de Himério, *Orações* 9.16, em que este nos fala do símile da moça-maçã e de outro da noiva com Aquiles); o segundo, citado por Demétrio, *Do estilo* 146, a compararia com um jacinto esmagado no campo (esta segunda imagem remonta também a Catulo 62.39-47, que talvez imitasse a passagem sáfica, o que então sugere um sentido erótico de defloração).

106

πέρροχος, ὡς ὅτ' ἄοιδος ὁ Λέσβιος ἀλλοδάποισιν

106

célebre como o poeta de Lesbos supera estrangeiros

Fragmento citado por Demétrio, *Do estilo* 146; mas tudo indica que a expressão "como o poeta de Lesbos" seria proverbial.

107

ἦρ' ἔτι παρθενίας ἐπιβάλλομαι;

107

mais uma vez ansiei virgindade?

Fragmento citado por Apolônio Díscolo, *Conjunções* 490. Virgindade, aqui, indica não apenas a categoria sexual da mulher que não fez sexo, mas também todo o modo de vida da jovem não casada bem como seu lugar social na pólis arcaica.

108

ὦ κάλα, ὦ χαρίεσσα κόρα

108

linda delícia de moça

Fragmento citado por Himério, *Orações* 9.19, mas sem referência à autoria, que é atribuída a Safo desde Welcker. Sigo a edição de Voigt.

109

δώσομεν, ᾗσι πάτηρ

109

damos dizia-lhe o pai

Fragmento citado nos *Epimerismoi Homeri*.

110

┐

Θυρώρωι πόδες ἑπτορόγυιοι,
τὰ δὲ σάμβαλα πεμπεβόηα,
πίσσυγγοι δὲ δέκ' ἐξεπόναισαν.

110

⌐

O porteiro de pés heptapalmos
usa pentabovinas sandálias
costuradas por dez sapateiros

Fragmento citado por Hefestião, *Manual de métrica* 7.6, onde vemos o porteiro do tálamo nupcial numa descrição grotesca, como também é descrito por Demétrio, *Do estilo* 167. A tópica ridícula dos epitalâmios era tradicional, já que o riso era considerado pelos antigos como uma força apotropaica, capaz de afastar a inveja e o mau olhado. Ragusa (2013: 126) nos lembra que o noivo poderia ser comparado a um "arrombador" de portas em contraste com o porteiro terrível.

111

⌐

Ἴψοι δὴ τὸ μέλαθρον·
          ὑμήναον·
ἀέρρετε τέκτονες ἄνδρες·

γάμβρος εἰσ' ἴσ' Ἄρευι
          ὑμήναον
ἄνδρος μεγάλω πόλυ μέζων.

111

⌐
À elevada arquitrave
    — ah Himeneu —
elevem vocês carpinteiros

vem como Ares o noivo
    — ah Himeneu — 5
maior que os maiores dos homens

Fragmento citado por Hefestião, *Dos poemas* 7.1, numa passagem em que descreve um tipo de refrão chamado mesímnio, ou refrão central, que é posicionado no meio da estrofe. Sigo a edição de Brunet a partir de conjetura de Lobel.

112

Ὄλβιε γάμβρε, σοὶ μὲν δὴ γάμος ὡς ἄραο
ἐκτετέλεστ', ἔχηις δὲ πάρθενον ἂν ἄραο.

σοὶ χάριεν μὲν εἶδος, ὄππατα < δ' .... >
μέλλιχ', ἔρος δ' ἐπ' ἰμέρτωι κέχυται προσώπωι

< .... > τετίμακ' ἔξοχά σ' Ἀφροδίτα 5

112

⌐

Teu casamento acaba noivo conforme às preces
como pediram chega a virgem das tuas preces

lindo é teu corpo todo todo o olhar <. . . .>
leve de mel e amores descem na doce face

< . . . . > tuas grandes honras por Afrodite   5

Fragmento citado por Hefestião, *Manual de métrica* 15.26. Sigo a edição de Voigt. A primeira estrofe deste epitalâmio é voltada para o noivo, a segunda para a noiva; já a terceira não conseguimos definir claramente, mas é provável que retorne aos louvores do noivo.

113

                                                      οὐ γὰρ
ἀτέρα νῦν πάις ὦ γάμβρε τεαύτα

113

                              noivo
não veremos uma moça que se iguale

Fragmento citado por Dionísio de Halicarnasso, *Da composição* 25. Sigo a edição e a métrica proposta por Voigt.

114

παρθενία, παρθενία, ποῖ με λίποισ' ἀποίχηι;

†οὐκέτι ἥξω πρὸς σέ, οὐκέτι ἥξω†.

114

ah virgindade ah virgindade onde você me escapa?

†não voltarei mais pra você não voltarei mais†

Fragmento citado por Demétrio, *Do estilo* 140. O texto e o metro do v. 2 é incerto. Pela citação de Demétrio, vemos que a noiva se dirige à virgindade (novamente como lugar social, cf. nota ao frag. 107) e que esta lhe responde.

115

⌐

Τίωι σ', ὦ φίλε γάμβρε, κάλως ἐικάσδω;
ὄρπακι βραδίνωι σε μάλιστ' ἐικάσδω.

115

⌐

Ah meu noivo adorado a que te comparo?
ao rebento delgado é que te comparo

Fragmento citado por Hefestião, *Manual de métrica* 7.6. Sobre a ambiguidade métrica, cf. "Metros de Safo".

116

χαῖρε, νύμφα, χαῖρε, τίμιε γάμβρε, πόλλα

116

salve noiva salve noivo estimado tanto

Fragmento citado por Sérvio em seu comentário a Virgílio, *Geórgicas* 1.31.

117

†Χαίροις ἀ νύμφα†, χαιρέτω δ' ὁ γάμβρος

117

⌐
†À noiva salve† e salve agora ao noivo

Fragmento citado por Hefestião, *Manual de métrica* 4.2.

117A

ξοάνων προθύρων

117A

de polidos portões

Fragmento citado por Hesíquio, *Léxico*.

Fragmentos de localização incerta

118

ἄγι δὴ χέλυ δῖα μοι λέγε
φωνάεσσα δὲ γίνεο

118

venha lira divina e fale-me
pois só quero te dar à voz

.

    Fragmento citado por Hermógenes, *Gêneros de estilo* 2.4. Na tradução deste texto bastante incerto, seria mais possível ler no segundo verso o sentido de "venha achar uma voz" ou "torne-se uma voz", mas preferi fazer o verso dialogar com uma série de discussões sobre performance, que tenho levantado em alguns estudos, sob o título de "dar à voz". Neste sentido, o poema não quer dar voz à lira personificada, mas dar a lira a uma voz, trazê-la ao humano, oferecer a voz como a única possibilidade da performance do poema.

119

αἱμιτύβιον στάλασσον

119

guardanapo gotejante

Fragmento citado por escoliasta de Aristófanes, *Pluto* 729.

120

ἀλλά τις οὐκ ἔμμι παλιγκότων
ὄργαν, ἀλλ' ἀβάκην τὰν φρέν' ἔχω . . .

120

      mas eu não sou dessas de só rancor
no ser — meu coração segue gentil . . .

Fragmento citado pelo *Etymologicum magnum* 2.43. Há similaridade com Anacreonte 416 Campbell. Considero que o metro do poema se enquadra no Livro III de Safo (embora Voigt indique o metro como incerto).

121

αλλ' έων φίλος άμμιν λέχος άρνυσο νεώτερον·
οὐ γὰρ τλάσομ' ἔγω σύν τ' οἴκην ἔσσα γεραιτέρα.

121

como adoro você deve escolher jovens pro teu amor
pois não quero pra mim ter de viver velha na vida a dois

Fragmento citado por Estobeu em sua *Antologia* 4.22.112. Sigo a edição de Voigt e Brunet e, como Brunet, considero que o metro do poema se enquadra no Livro III de Safo (embora Voigt indique o metro como incerto).

122

ἄνθε' ἀμέργοισαν παῖδ' ἄγαν ἀπάλαν

122

que uma garota linda colhia cada flor

Fragmento citado por Ateneu, *Banquete dos sofistas* 12.554b, em que este indica que Safo teria visto uma jovem colhendo flores.

123

ἀρτίως μ' ἀ χρυσοπέδιλλος Αὔως

123

justo vem-me a auricalçada Aurora

Fragmento citado por Amônio, *Dos sinônimos e homônimos* 75. Cf. frag. 103.

124

αὔτα δὲ σὺ Καλλιόπα

124

Calíope mesmo você

Fragmento citado por Hefestião, *Manual de métrica* 15.4, para descrever o que seria o metro prosodíaco. Calíope é uma das Musas gregas, ao pé da letra "belavoz", e com frequência associada à épica.

125

†αυταόρα† ἐστεφαναπλόκην

125

†quando em vigor† tive guirlandas sim

Fragmento citado por um escoliasta de Aristófanes, *Tesmoforiantes* 401, para exemplificar que, num passado anterior a Aristófanes, as mulheres usavam coroas quando eram jovens e apaixonadas.

126

δαύοις ἀπάλας ἑτά<ι>ρας ἐν στήθεσιν

126

mas durma no seio da amiga mais gentil

    Fragmento citado pelo *Etymologicum genuinum*. É possível ler de dois modos a primeira palavra δαύοισ('), que é rara, talvez um *hápax*: como optativo ("que você durma") ou como particípio feminino ("ela adormecente"). Além disso, o termo ἑταίρας é complexo: depois do séc. VI a.C., foi usado para designar as cortesãs e acompanhantes, mas também quer dizer simplesmente "companheira" no sentido de "amiga"; como o termo "amiga" em português tem uma tradição da poesia erótica clássica, creio que ele de certo modo resolva a ambiguidade entre amizade e erotismo. Brunet edita este fragmento como parte do Livro de Epitalâmios.

127

δεῦρο δηῦτε Μοῖσαι χρύσιον λίποισαι . . .

127

mas de novo as Musas deixam paços d'ouro . . .

Fragmento citado por Hefestião, *Manual de métrica* 15.25. Talvez o espaço dourado em questão seja o palácio de Zeus, o que me fez inserir o termo "paço" na tradução, para também regularizar a métrica.

128

Δεῦτέ νυν ἄβραι Χάριτες καλλίκομοί τε Μοῖσαι

128

⌐

Venham aqui Graças sutis Musas de belas tranças

Fragmento citado por Hefestião, *Manual de métrica* 9.2, como exemplo de tetrâmetro coriâmbico (embora termine num pé báquico). Cf. frag. 103.

129

a)

ἔμεθεν δ' ἔχηισθα λάθαν . . .

b)

ἤ τιν' ἄλλον
<μᾶλλον> ἀνθρώπων ἔμεθεν φίλησθα

129

a)

mas em mim você nem pensa . . .

b)

        ou mais que a mim é
um mortal qualquer que você <prefere>?

    Fragmento citado por Apolônio Díscolo, *Pronomes* 83bc. No trecho (b) sigo a edição de Brunet, que corrige o metro, a partir de uma conjetura de Bergk, para caber na estrofe sáfica, e assim o insere no Livro I.

130

⌐

Ἔρος δηὖτέ μ' ὀ λυσιμέλης δόνει,
γλυκύπικρον ἀμάχανον ὄρπετον

130

⌐

Eis que Amor solta-membro estremece-me
agridoce intratável reptílico

Fragmento citado por Hefestião, *Manual de métrica* 7.7, como exemplo de tetrâmetro datílico acatalético. Talvez seja seguido pelo frag. 131.

131

Ἄτθι, σοὶ δ' ἔμεθεν μὲν ἀπήχθετο
φροντίσδην, ἐπὶ δ' Ἀνδρομέδαν πόται

131

Átis sei que detesta pensar em mim
e hoje voa no vento de Andrômeda

    Fragmento citado por Hefestião, *Manual de métrica* 7.7. Como este fragmento e o anterior estão no mesmo metro e são citados num mesmo trecho de Hefestião, sem indicação de autoria, uma parte dos editores e tradutores (Voigt, Brunet) considera os dois fragmentos como parte de um mesmo poema. Sigo aqui Campbell e Carson, que por sua vez mantêm a edição de Lobel-Page.
    Sobre Átis, cf. frags. 8, 49 e 96 e notas. Sobre Andrômeda, cf. frags. 57, 65 e 68 e notas.

132

⌐

Ἔστι μοι κάλα πάις χρυσίοισιν ἀνθέμοισιν
ἐμφέρη<ν> ἔχοισα μόρφαν Κλέις ἀγαπάτα,
ἀντὶ τᾶς ἔγωὐδὲ Λυδίαν παῖσαν οὐδ' ἐράνναν...

132

⌐

Eis a minha linda filha que em tudo assim se alinha
junto às flores todas d'ouro é Cleís querida minha
pois por ela nunca troco nem Lídia nem amável . . .

Fragmento citado por Hefestião, *Manual de métrica* 15.18, como exemplo de metro assinarteto combinado por um dímetro trocaico acatalético seguido de 3 1/2 pés iâmbicos. Porém o exemplo não cabe perfeitamente no metro (cf. Lobel-Page, 1997 [1955]: 131, n. 4). Campbell sugere que o fim do fragmento traria a expressão "amável Lesbos". Sobre Cleís, cf. nota ao frag. 98.

133

a) ⌐

Ἔχει μὲν Ἀνδρομέδα κάλαν ἀμοίβαν . . .

b)

Ψάπφοι, τί τὰν πολύολβον Ἀφροδίταν . . . . ;

133

a) ⌐

Agora Andrômeda tem em troca bela . . .

b)

mas Safo por que à Afrodite multibênção . . . . ?

Fragmento citado por Hefestião, *Manual de métrica* 14.7; muito provavelmente os dois fragmentos pertencem a um mesmo poema, iniciado por (a). Sobre Andrômeda, cf. frags. 57, 65, 68 e 131.

134

⌐

Ζὰ <τ'> ἐλεξάμαν ὄναρ, Κυπρογενηα,

134

⌐

Entre sonhos Ciprogênia eu <te> contava

Fragmento citado por Hefestião, *Manual de métrica* 12.4. "Ciprogênia", ou Ciprogeneia, é um epíteto de Afrodite, "nascida em Chipre".

135

Τί με Πανδίονις, Ὤιρανα, χελίδω . . . . ;

135

⌐
A andorinha de Pandíon ó Irana . . . . ?

Fragmento citado por Hefestião, *Manual de métrica* 12.2. A filha de Pandíon é Procne, que se casou com Tereu; porém este estuprou sua irmã Filomela e cortou a língua da jovem, para que não pudesse contar o crime. Para se comunicar, Filomela teceu um bordado com a narrativa do estupro; quando Procne descobriu o crime, assassinou seu próprio filho com Tereu, Ítis, e serviu suas carnes num banquete para o pai, que sem saber comeu do próprio filho. Depois, enquanto fugiam da vingança de Tereu, Procne transformou-se na andorinha, Filomela no rouxinol, e Tereu na águia (cf. Ovídio, *Metamorfoses* 6.412-674). Sobre Irana, cf. frags. 91 e 135.

136

ἦρος ἄγγελος ἱμερόφωνος ἀήδων

136

mensageiro vernal rouxinol belcanto

Fragmento citado por um escoliasta de Sófocles, *Electra* 149. Brunet edita o fragmento como parte do Livro de Epitalâmios. Sobre o rouxinol, cf. nota ao frag. 135.

137

θέλω τί τ' εἴπην, ἀλλά με κωλύει
αἴδως . . .
. . . .
αἰ δ' ἦχες ἔσλων ἵμερον ἢ κάλων
καὶ μή τί τ' εἴπην γλῶσσ' ἐκύκα κάκον,
  αἴδως †κέν σε οὐκ† ἦχεν ὄππα-
 τ' ἀλλ' ἔλεγες †περὶ τὼ δικαίω†

137

e quero só dizer-te porém pudor
me impede . . .
. . . .
se quer dizer apenas o belo e bom
e a língua nunca tenta tramar o mal
　　　　pudor †não† cobriria os olhos
　　　mas falaria †somente o justo†

　　　Fragmento citado por Aristóteles, *Retórica* 1367a, em que nos diz que os dois primeiros versos seriam uma fala de Alceu (talvez versos pertencentes ao frag. 384), respondida por Safo na estrofe seguinte. Porém é mais fácil entender que todo o trecho pertença a um mesmo poema sáfico, talvez citando um verso atribuído a Alceu. Este é o único fragmento atribuído a Safo escrito em estrofe alcaica; então ainda poderíamos supor que o poema formasse um diálogo com uma persona masculina não identificada e que, tardiamente, teria sido identificada como Alceu por causa do metro.

138

στᾶθι †κἄντα† φίλος
καὶ τὰν ἐπ' ὄσσοισ' ὀμπέτασον χάριν

138

           pare †aqui† meu amor
e espalhe toda a graça do teu olhar

Fragmento citado por Ateneu, *Banquete dos sofistas* 13.564d, que sugere que se trata de um poema em que Safo descreveria com ironia a beleza de um homem excessivamente admirado.

139

θέοι δ[. . .] . νεσω . [. . α]ὔτικ' ἀδάκ[ρυτον
θε[.] . [.]ηλ[.] . . . [ ]ηλα[

139

        os deuses[. . .] . ilh . [. . di]reto ila[crimável
de[.] . [.]el[.] . . . [   ]ela[

Fragmento citado por Fílon, no Papiro Oxirrinco 1356 fol. 4a; o trecho sugere que teríamos aqui um conselho a respeito dos deuses.

140

⌐

Κατθνάσκει, Κυθέρη', ἄβρος Ἄδωνις· τί κε θεῖμεν;
καττύπτεσθε, κόραι, καὶ κατερείκεσθε κίθωνας.

140

⌐

Morre Adônis gentil — como seguir ó Citereia?
podem todas pungir podem puir pálios e peças

Fragmento citado por Hefestião, *Manual de métrica* 10.4, talvez na forma de um diálogo entre as moças que performam um ritual e a própria deusa (e com um jogo aliterativo impressionante que tentei recriar). Campbell ainda edita como 140b um trecho de Pausânias, *Descrição da Grécia* 9.29.8, em que se lê: "Safo de Lesbos, que aprendera o nome de Etolino nos poemas de Panfo, cantou Adônis e Etolino juntos". Etolino é outro nome para Lino depois de massacrado por Apolo.

Adônis foi um jovem amado por Afrodite; porém, quando saiu um dia para caçar, foi ferido na perna e morreu; a partir de então Afrodite fez seu luto e teria, segundo alguns mitos, deixado o corpo do jovem escondido entre alfaces (o que é simbolicamente curioso, já que os antigos criam que as alfaces causavam impotência); sabemos que a partir desse mito havia um culto a Adônis na Grécia arcaica.

Citereia é um nome de Afrodite associado a seu culto em Citera.

141

κῆ δ' ἀμβροσίας μὲν
κράτηρ ἐκέκρατ'
　'Έρμαις δ' ἔλων ὄλπιν θέοισ' ἐοινοχόησε.
κῆνοι δ' ἄρα πάντες
καρχάσι' ἦχον　　　　　　　　　　　　　　　5
　κἄλειβον ἀράσαντο δὲ πάμπαν ἔσλα γάμβρωι.

141

ambrósia na taça
se misturava
    quando Hermes toma o jarro e verte vinhos aos deuses
e todos conjuntos
ergueram copos   5
    libando orando todas as bênçãos pelo noivo

Fragmento citado por Ateneu, *Banquete dos sofistas* 10.425d, para demonstrar que Alceu e Safo apresentam Hermes como um servidor de vinho dos deuses. Brunet edita este fragmento como parte do Livro de Epitalâmios, embora seja muito provavelmente um casamento celeste (talvez de Tétis e Peleu, por exemplo).

142

Λάτω καὶ Νιόβα μάλα μὲν φίλαι ἦσαν ἕταιραι

142

Leto e Níobe foram duas amigas amadas

    Fragmento citado por Ateneu, *Banquete dos sofistas* 13.571d, em que ele argumenta que se trataria de uma referência a amigas de Safo; no entanto, para o problema interpretativo de ἑταίρα, cf. nota ao frag. 126: novamente optei pelo termo "amiga", pensando até num eco desta tradução com a canção de Roberto Carlos "Amada amante". Pelo metro de hexâmetros datílicos e a tópica mítica de jovens heroínas, Brunet edita o fragmento como parte do Livro de Epitalâmios, uma solução interessante.

143

χρύσειοι δ' ἐρέβινθοι ἐπ' ἀιόνων ἐφύοντο

143

e áureos grãos-de-bico então brotavam nas margens

    Fragmento citado por Ateneu, *Banquete dos sofistas* 2.54f, numa questão acerca dos grãos-de-bico.

144

μάλα δὴ κεκορημένοις
Γόργως

144

                    para quem se fartou demais
de Gorgo

    Fragmento citado por Herodiano, *Da declinação*, para explicar os genitivos eólicos. Sobre Gorgo, cf. frags. 29 e 213 e notas.

145

μὴ κίνη χέραδος

145

sem mexer no calhau

Fragmento citado pelo escoliasta de Apolônio de Rodes, *Argonáuticas* 1.1123. O calhau parece ter sido uma figura de tema proverbial relacionada ao trabalho e ao risco, como vemos em Alceu 344.

146

μήτε μοι μέλι μήτε μέλισσα

146

mal me mexo por males e meles

    Fragmento citado por Trifão, *Tropos* 25, como uma espécie de provérbio. Ao pé da letra, esse verso hipermelódico significa "não quero nem abelha nem mel", com o sentido de "não busco nem o bem nem o mal"; tentei recriar o jogo sonoro de aliterações e assonâncias a partir do jogo entre "males" e "meles" (plural raro de "mel"). Outro ponto a ser levado em consideração é a ligação entre abelhas, mel e Afrodite, de modo que esse provérbio poderia ter conotação erótica.

147

μνάσεσθαί τινά φαιμι καὶ ἕτερον ἀμμέων

147

sei que alguém no futuro também lembrará de nós

Fragmento citado por Dião Crisóstomo, *Discursos* 37.47.

148

ὁ πλοῦτος ἄνευ † ἀρέτας οὐκ ἀσίνης πάροικος
ἁ δ' ἀμφοτέρων κρᾶσις †εὐδαιμονίας ἔχει τὸ ἄκρον†

148

riqueza sem † dons de virtude eis a vizinha imiga
se as duas devêm vemos †seu cimo elevado de alegrias†

Fragmento citado por escoliasta de Píndaro, *Olímpicas* 2.96 ss. Alguns editores consideram que o segundo verso não é de Safo.

149

ὄτα πάννυχος ἄσφι κατάγρει

149

quando ao longo da noite os encobre

Fragmento citado por Apolônio Díscolo, *Pronomes* 126b, para explicar um pronome eólico. É possível que o sentido do fragmento seja "quando ao longo da noite o [sono] encobre [os olhos]".

150

οὐ γὰρ θέμις ἐν μοισοπόλων <δόμωι>
θρῆνον ἔμμεν' < . . . .> οὔ κ' ἄμμι πρέποι τάδε

150

    nem certo será choro sem fim num <lar>
sacro às Musas < . . . .> nem vamos sofrer assim

    Fragmento citado por Máximo de Tiro, *Orações* 18.9, afirmando que Sócrates, na hora de morrer, se irritou com o lamento de Xantipa, tal como Safo se irritara com o de sua filha. Metro e texto incertos; no intuito de propor uma visão métrica sigo a edição de Voigt.

151

φθάλμοις δὲ μέλαις νύκτος ἄωρος . . .

151

e nos olhos o breu sono da noite . . .

Fragmento citado no *Etymologicum genuinum* para explicar a grafia atípica de ἄωρος (sono) em dialeto eólico.

152

παντοδάπαισι μεμειχμένα χροίαισιν

152

mas misturada por todos os tons de cor

Fragmento citado pelo escoliasta de Apolônio de Rodes, *Argonáuticas* 1.727, na descrição do manto de Jasão.

153

πάρθενον άδύφωνον

153

docefalante virgem

Fragmento citado por Atílio Fortunato, *Ars* 28, quando comenta o dímetro coriâmbico catalético de Horácio em *Odes* 1.8. Cf. ainda Anacreonte 381.

154

⌐

Πλήρης μὲν ἐφαίνετ' ἀ σελάννα
αἰ δ' ὡς περὶ βῶμον ἐστάθησαν

154

⌐

Aqui aparece plena a lua
quando elas se atêm aos seus altares

Fragmento citado por Hefestião, *Tratado de métrica* 11.3, como exemplo do metro praxílio construído por trímetros braquicataléticos.

155

πόλλα μοι τὰν Πωλυανάκτιδα παῖδα χαίρην

155

quero dar à Polianáctida um belo salve

Fragmento citado por Máximo de Tiro, *Orações* 18.9d, novamente comparando Safo a Sócrates (cf. frag. 150). Dessa vez para mostrar que, tal como Safo por vezes refuta, interroga e é irônica com suas adversárias Gorgo e Andrômeda, é assim que Sócrates deseja um bom dia para Íon na abertura do *Íon* de Platão.

156

πόλυ πάκτιδος ἀδυμελεστέρα....
χρύσω χρυσοτέρα....

156

  mais que a péctis — melissoníssima . . . .
mais que o ouro aureíssima . . . .

  Fragmento citado por Demétrio, *Do estilo* 161, acerca de comparativos impossíveis e seu efeito de graça; comparar a passagem ainda com *Do estilo* 127 e Gregório de Cortino, *Contra Hermógenes*. Sobre a "péctis", cf. notas ao frag. 22. Além disso, como a fórmula comparativa em grego é sintética e ainda traz marca de gênero (χρυσοτέρα é feminino "mais dourada"), optei por seguir uma solução já empregada por Fernando Santoro e verti comparativos por superlativos.

157

πότνια Αὔως

157

régia Aurora

Fragmento citado pelo *Etymologicum genuinum* (cf. frag. 104a). Pela possibilidade de ser uma estrofe sáfica, Brunet edita este fragmento no Livro I.

158

σκιδναμένας ἐν στήθεσιν ὄργας
μαψυλάκαν γλῶσσαν πεφύλαχθαι

158

se iras se espalham dentro do peito
poupe latidos vãos nessa língua

    Fragmento citado por Plutarco, *Como controlar a ira* 456e, num trecho em que trata dos bêbados que falam muito, em contraposição à virtude do silêncio.

159

σύ τε κἄμος θεράπων Ἔρος

159

sim você junto a meu servo Amor

Fragmento citado por Máximo de Tiro, *Orações* 18.9g, em que este afirma que o verso é uma fala de Afrodite para Safo.

160

τάδε νῦν ἑταίραις
ταὶς ἔμαις τέρπ<οισα> κάλως ἀείσω

160

   as amigas todas
eu del<eito> ao som deste belo canto

Fragmento citado por Ateneu, *Banquete dos sofistas* 13.571d. Sigo a edição de Brunet. Sobre o problema das amigas (ἑταίραι), cf. frags. 126 e 142 e notas. Pelo metro da estrofe sáfica, Brunet insere o fragmento no Livro I.

161

τανδεφυλασσετε ἐννε[. . .]οι γάμβροι [. . . . .]υ πολίων βασίληες

161

protejam-na n[. . .]s noivos [. . . . .] soberanos das pólis

Fragmento do Papiro Bouriant 8.91 ss., acerca dos nomes em -ις.

162

τίοισιν ὀφθάλμοισιν;

162

então com quais olhares?

Fragmento citado por Querobosco, *Sobre os cânones de Teodósio*.

163

τὸ μέλημα τὦμον

163

meu cuidado todo

Fragmento citado por Juliano, na Epístola 193, afirmando que esta seria uma expressão para designar a pessoa amada segundo Safo.

164

τὸν Ϝὸν παῖδα κάλει

164

chama o seu filho

Fragmento citado por Apolônio Díscolo, *Pronomes* 136b. Talvez seja Afrodite convocando Eros, cf. frag. 198.

165

⌐

Φαίνεταί ϝοι κῆνος

165

⌐

Num deslumbre ofusca-lhe

   Fragmento citado por Apolônio Díscolo, *Pronomes* 106a; tudo indica que esta é uma leitura diversa do poema 31 que teria circulado pela Antiguidade.

166

φαῖσι δή ποτα Λήδαν ὐακίνθινον
< . . . > ὤιον εὔρην πεπυκάδμενον

166

diz que Leda encontrou o ovo de cor igual
ao jacinto por sob < . . . >

Fragmento citado por Ateneu, *Banquete dos sofistas* 2.57d. Talvez uma referência ao ovo de que nasceram Castor e Pólux.

167

ώίω πόλυ λευκότερον

167

mais que um ovo — branquíssimo

Fragmento citado por Ateneu, *Banquete dos sofistas* 2.57d.

168

ὦ τὸν Ἄδωνιν

168

ah por Adônis

Fragmento citado por Mário Plócio Sacerdote, *Arte da gramática* 3.3, para dizer que o adônio (— u u — x) teria sido inventado por Safo. Sobre Adônis, cf. frags. 140 e 211b.

168A = 178

Γέλλως παιδοφιλωτέρα

168A = 178

mais que Gelo — pedofilíssima

Fragmento citado por Zenóbio, *Provérbios* 3.3, onde nos conta que esta expressão faria referência a uma certa Gelo (ou Geló), que teria morrido muito jovem e se tornado uma figura fantasmal responsável pela morte prematura das crianças. No entanto, seria também possível imaginar uma rival de Safo que aqui é acusada de assediar os meninos muito novos, daí a escolha por "pedófila".

168B

⌐

Δέδυκε μεν ἀ σελάννα
καὶ Πληΐαδες, μέσαι δὲ
νύκτες πάρα δ' ἔρχετ' ὤρα,
ἔγω δὲ μόνα κατεύδω.

168B

⌐

Agora mergulha a lua
e as Plêiades todas noite
profunda o instante passa
e deito-me solitária

    Fragmento citado por Hefestião, *Manual de métrica* 11.5; só foi atribuído a Safo por Arsênio, em torno de 1500. Por isso, ainda hoje o fragmento está em disputa, de modo que Lobel-Page o consideram espúrio, enquanto Voigt o edita como sáfico.

168C

ποικίλλεται μὲν γαῖα πολυστέφανος

168C

a terra em furta-cor de coroas reluz

Fragmento citado por Demétrio, *Do estilo* 164; está sem indicação de autoria, foi atribuído a Safo por Wilamowitz, mas Lobel-Page discordam, o que gera ainda uma cisão entre os editores. Sigo a edição de Brunet.

169

ἀγαγοίην

169

guiaria

Fragmento citado por um escoliasta da *Ilíada* 14.241.

169A

ἀθρήματα

169A

dons de casamento

Fragmento citado por Hesíquio, *Léxico*; o termo designaria presentes de casamento entre os lésbios.

170

Αἴγα

170

Ega

Fragmento citado por Estrabão, *Geografia* 13.1.68; Ega seria o nome dado pelos lésbios a um promontório de Canas, uma cidade ao sul de Lesbos. Ega significa, ao pé da letra, "bode".

171

ἄκακος

171

imáculo

Fragmento citado por Fócio, *Léxico*.

172

ἀλγεσίδωρος

172

Algesidoro doa-dores

Fragmento citado por Máximo de Tiro, *Orações* 18.9gh; segundo ele, Safo designaria o Amor com o epíteto "algesidoro", o "doa-dores"; optei por deixar o original também porque o nome ecoa outros nomes comuns em grego, como Teodoro, por exemplo.

173

ἀμαμάξυδ(-ος, -ες)

173

amamáxida

Fragmento citado por Querobosco, *Sobre os cânones de Teodósio*; o termo designaria um tipo de vinha que sobe em árvores.

174

[ἀμάρα]

174

[canal]

Fragmento citado por Orião, *Léxico*.

175

αὖα

175

Aurora

Fragmento citado por Apolônio Díscolo, *Advérbios* 596.

176

βάρβιτος. βάρωμος. βάρμος.

176

bárbito. baromo. barmo.

Fragmento citado por Ateneu, *Banquete dos sofistas* 4.182f. Os três termos designam um mesmo instrumento típico de Lesbos com estrutura muito similar à lira mais conhecida. O bárbito teria cordas mais compridas e, portanto, um som mais grave. O termo "barmo" aparece também em Alceu frag. 70.4.

177

βεῦδος

177

beudo

Fragmento citado por Pólux, *Vocabulário* 7.49; o termo designaria um tipo de veste curta e transparente de origem ciméria.

178 = 168A

Γέλλως παιδοφιλωτέρα

178 = 168A

mais que Gelo — pedofilíssima

Fragmento citado por Zenóbio, *Provérbios* 3.3.

179

γρύτα

179

nécessaire

Fragmento citado por Frínico, *Preparação sofística*; o termo designaria em Safo uma sacola para guardar utensílios de beleza femininos.

180

Ἕκτωρ

180

Héctor detentor

Fragmento citado por Hesíquio, *Léxico*. Indica que Safo designaria Zeus como "héctor", que significa "detentor"; como mais uma vez há uma confusão com o nome pessoal "Heitor", optei por biverter o termo.

181

ζάβατον

181

cruzável

Fragmento citado por escoliasta de Dionísio Trácio, *Arte gramática* 6.

182

ἰοίην

182

iria

Fragmento citado por um escoliasta da *Ilíada* 14.241. Cf. fragmento 169.

183

κατώρης siue κατάρης

183

descendente ou decadente

   Fragmento citado por Porfírio, *Questões homéricas*, no seu comentário a *Ilíada* 2.447; o termo seria usado por Alceu e Safo para designar ventos em movimento de descida abrupta. Optei por usar termos que, em português, teriam esse sentido etimológico, mas que não são costumeiramente usados nessa acepção.

184

κίνδυν

184

risco

Fragmento citado por Querobosco, *Sobre os cânones de Teodósio*.

185

μελίφωνοι
... μελλιχόφωνοι

185

melíssonas
. . . melicanoras

Fragmento citado por Filóstrato, *Imagens* 2, e também por Aristeneto, *Cartas de amor* 1.10.

186

Μήδεϊα

186

Medeia nenhuma

Fragmento citado por João de Alexandria, *Regras de acentuação*, que comenta o uso irregular do nome Medeia por Safo — mas, como observa Voigt, o termo pode designar ao pé da letra "nenhuma".

187

Μοισάων

187

das Musas

Fragmento citado nos *Epimerismoi Homeri*.

188

μυθόπλοκος

188

roca-de-mitos

Fragmento citado por Máximo de Tiro, *Orações* 18.9h, onde nos diz que Safo assim designa o Amor/Eros como um "tecelão de mitos" (na tradução de Assis Brasil), ou "que tece mitos" (na de Alvaro Antunes).

189

νίτρον

189

soda

Fragmento citado por Frínico, *Palavras e frases áticas* 272.

190

πολυίδριδι

190

multissábia

Fragmento citado por um escoliasta da *Ilíada* 3.219.

191

σέλιννα

191

celeri

Fragmento citado por Pólux, *Vocabulário*, onde menciona o uso de aipo, ou celeri, na confecção de coroas para os banquetes. No trecho ele ainda menciona os usos de murta e anis.

192

χρυσαστράγαλοι φίαλαι

192

auriastrágalos cálices

Fragmento citado por Pólux, *Vocabulário*, onde comenta um tipo de cálice dourado com base similar a articulações a partir do termo raro de Safo. Sigo a edição de Voigt.

Alusões e referências de outros autores

As indicações estão logo abaixo das traduções. Por serem trechos em prosa de outros autores julguei desnecessária a organização bilíngue.

193

Creio que você já ouviu que Safo falava com soberba para algumas mulheres consideradas afortunadas, e então afirmava que as Musas a tinham abençoado e tornado invejável e que mesmo depois da morte ela não seria esquecida.
  (Élio Aristides, *Orações* 28.51)

194

Os ritos de Afrodite foram deixados para apenas a lésbia Safo cantar junto à lira seus epitalâmios. Depois das disputas, ela segue ao tálamo, dispõe guirlandas e arruma a cama; em seguida, leva as virgens ao quarto, guia a própria Afrodite no carro das Graças junto ao coro de Amores. Prende o cabelo da deusa com jacinto, exceto a parte que se divide na face, pois essa fica a ondular ao gosto da brisa. Ela enfeita com ouro as asas e cachos dos Amores e os incita ao desfile na frente da carruagem enquanto brandem seus archotes no ar.
  (Himério, *Orações* 9.4)

195

Por isso, quando Safo canta a beleza, suas palavras são belas e doces, e também canta os amores, a primavera e o alcíone; todo tipo de palavra bela aparece nessa poesia, até algumas que ela inventou.
  (Demétrio, *Do estilo* 166)

196

A radiância que se espalha por toda a cidade de Esmirna, sem cegar os olhos, como disse Safo, mas que ao mesmo tempo reforça, nutre e água de alegria, em nada parecida com a flor do jacinto

[*Odisseia* 6.231], mas também diversa de qualquer coisa que a terra e o sol revelam aos humanos.
 (Élio Aristides, *Orações* 18.5)

197

Se nada impediu a lésbia Safo de pedir que a noite durasse o dobro para si, que seja possível para mim também pedir o mesmo.
 (Libânio, *Orações* 12.99)

198

Safo diz que Amor é filho da Terra e do Céu.
 (Escoliasta a Apolônio de Rodes 3.26)

Alceu afirmou que o Amor era filho de Íris com Zéfiro [frag. 327], e Safo que era de Afrodite com o Céu.
 (Escoliasta a Teócrito 13.1-2c)

A lésbia Safo cantou muitas inconsistências acerca do Amor.
 (Pausânias, *Descrição da Grécia* 9.28.3)

199

Dizem que a Lua descia à gruta de Latmos para se encontrar com Endímion. Safo e Nicandro, em *Europeia* Livro II, contam a história do amor da Lua.
 (Escoliasta a Apolônio de Rodes 4.57)

200

Safo diz que a Sedução é filha de Afrodite.
 (Escoliasta de Hesíodo, *Trabalhos e dias* 73c)

201

Safo diz que morrer é um mal, pois os deuses assim decidiram; doutro modo eles morreriam.
 (Aristóteles, *Retórica* 1398b)

202

Rodópis foi levada ao Egito para junto do sâmio Xantes, como paga, mas foi liberta por um grande valor dispendido por Caraxo de Mitilene, filho de Escamandrônimo e irmão da poeta Safo [...] Depois de libertar Rodópis, Caraxo voltou a Mitilene, onde Safo o atacou intensamente numa canção.
 (Heródoto, *História* 2.135)

É conhecida como a tumba da prostituta foi construída por seus amantes; Safo, a poeta lírica, a chama Dórica, mulher amada pelo irmão da poeta, Caraxo, que importava vinho lésbio para Náucratis; outros a chamam Rodópis.
 (Estrabão, *Geografia* 17.2.33)

Náucratis atraía prostitutas famosas. Dórica, que se tornou amante de Caraxo, irmão da poeta e comerciante em Náucratis; a bela Safo a ataca sob o argumento de que ela teria tomado muito dinheiro de Caraxo.
 (Ateneu, *Banquete dos sofistas* 13.596bc)

[Rodópis] era trácia de nascimento, junto com Esopo foi escrava do mitileno Iadmon, foi liberta por Caraxo, irmão de Safo. Safo a chama Dórica.
 (*Suda* P 211)

Rodópis era prostituta em Náucratis, no Egito; Safo e Heródoto falam dela.
 (Apêndice aos *Provérbios*, Papiro Oxirrinco 1800, frag. 1.7-13)

203

A bela Safo muitas vezes louva seu irmão Lárico porque este libava o vinho no pritaneu dos mitilenos.
 (Ateneu, *Banquete dos sofistas* 10.425a)

Pois era costume, segundo Safo, que os belos jovens bem-nascidos libassem o vinho.
 (Escoliasta T da *Ilíada* 20.234)

204

Ouro é indestrutível, e Safo diz que [...] e Píndaro afirma que o ouro é filho de Zeus.
 (Escoliasta de Píndaro, *Píticas* 4.410c)

Que o ouro não é corroído pela ferrugem é atestado pela poeta lésbia e provado pelo próprio ouro.
 (Pausânias, *Descrição da Grécia* 8.18.5)

205

Homero [*Ilíada* 24.602] afirma que eram seis filhos e seis filhas [de Níobe]; Eurípides [frag. 455 N], que eram sete e sete; Safo, que eram nove e nove; Baquílides [frag. 20 D] e Píndaro [frag. 65 Snell], dez e dez; outros escritores disseram que eram apenas três e três.
    (Aulo Gélio, *Noites áticas* 20.7)

206

Alguns afirmam que eram sete meninos e sete meninas [seriam vítimas anuais do Minotauro], tal como Platão no *Fédon* [58a] e Safo na lírica e Baquílides nos ditirambos [17] e Eurípides no *Hércules* [*H.F.* 1326], e que Teseu libertou consigo.
    (Sérvio, comentário a Virgílio, *Eneida* 6.21)

207

Dizem que Prometeu, depois de criar os homens, [...] teria roubado o fogo e o revelado aos homens. Por isso, os deuses se iraram e enviaram dois males à terra: mulheres e doenças. Assim recordam Safo e Hesíodo [*Teogonia* 570 ss.; *Trabalhos e dias* 70 ss.].
    (Sérvio, comentário a Virgílio, *Bucólicas* 6.42)

208

Você deveria ser comparado ao próprio Muságeta [Apolo como guia das Musas], tal como Safo e Píndaro [Peã 3] na lírica o apresentam, ornado com cachos dourados e liras, levado por cisnes até o Hélicon para ali dançar junto com as Musas e as Graças.
    (Himério, *Orações* 46.6)

209

uma certa amizade vagabunda que, segundo Safo, acha bela a infâmia.
>(Eustácio, *Epístola* 42, talvez sobre Caraxo
>e Rodópis/Dórica)

210

thapsos: madeira que serve para tingir lã e cabelo de amarelo, Safo a chama de "madeira cita" [Σκύθικον ξύλον].
>(Fócio, *Léxico*)

211.1 (Φάων)

A vida de Fáon se deu em torno do barco e do mar, ou melhor, num estreito. Nunca ouviu reclamação de ninguém, pois era justo e só aceitava dinheiro de quem tinha. Os lésbios admiraram seu modo de vida. A deusa aprovava tal homem (e diziam que a deusa era Afrodite); então ela assumiu aparência humana como um velha, e foi conversar com Fáon sobre uma possível travessia. Ele logo a levou sem cobrar nada. Então o que fez a deusa? Dizem que transformou o velho e lhe pagou com juventude e beleza. É este, portanto, o Fáon por quem Safo tanto cantou seu amor.
>(Pseudo-Paléfato, *Sobre os prodígios* 48; no entanto,
>de acordo com o escoliasta de Libânio, esta Safo não seria
>a poeta, mas outra mulher de Lesbos.)

Afrodite escondeu Fáon, o mais belo dos homens, no meio das alfaces.
>(Eliano, *Histórias diversas* 12.18)

E Calímaco diz [frag. 478 Pfeiffer] que Afrodite escondeu Adônis no meio das alfaces [...], e Eubulo, nos *Impotentes*, diz [frag. 14 Kock]

> foi, reza a lenda, neste leito vegetal
> que Cípris pôs Adônis para o funeral.

[...] E Cratino diz que, quando Afrodite se apaixonou por Fáon, o escondeu entre "belas alfaces"; o jovem Mársias afirma que foi no meio da cevada verde.
(Ateneu, *Banquete dos sofistas* 2.69cd)

Safo teria deixado um texto em que Adônis morto era posto por Vênus no meio das alfaces.
(Natalis Comes, *Mitologia* 5.16)

É impressionante o que narram sobre o azevinho de mar: sua raiz, dizem, é muito similar aos dois sexos; é tão difícil encontrá-la que, se um homem encontrar a masculina, torna-se desejável; foi por isso que o lésbio Fáon teria ganho o amor de Safo.
(Plínio, *História natural* 22.20)

212

Safo recorda que Aqueloo foi o primeiro a descobrir a mistura do vinho.
(Natalis Comes, *Mitologia* 7.2)

Comentários antigos

213

]..[.].τ...[
...[..].σε εμα κ' Ἀρχεάνα[σ-
σα Γόργω< . > σύνδυγο(ς)·

213

 ] . . [.] . t . . . [
. . . [. .] . e minha e Arqueana[s-
sa < . > consorte de Gorgo

 Trata-se de um comentário à poesia de Safo encontrado no Papiro Oxirrinco 2292, datado do séc. II d.C. Assim lemos as três primeiras linhas como uma citação, seguida por uma explicação do uso anômalo do termo σύνδυγος, em vez do mais normal σύνζυξ. Seja como for, o comentário parece estranho, a não ser que Arqueanassa seja outro nome para Plistodica. Como Battistini, edito e traduzo apenas o trecho que parece ser sáfico.

213A

a) frag. 8

4] . Γογγυ[λ-

b) frag. 42

1 δεδρ]όμακε δ' ὸν κε[2]νέβροι δ' ὣς κ[3]διαι πεμψομε[4]ωι χρύσωι τ . [5]φρενω[6]ος προς δε[7]στον Χαραξ[8]στον αὐτο . [9]παῖ Πολυα[νακτι- 10]ναν ἔσλος[11]ην σχέθε . [

c) frag. 43 col. ii

2 Χα]ραξο[3]κατηγ[ορ- 6 ἀ]δικεῖν[9 κε μωμ[

d) frag. 44 col. ii

1]Σαπφ[. . . Χάρα]|ξον δι . [3 ἐπεμπ[. . . πα]|ραδειξ . [. . . συμ]|ποσίω [6 ηταιπ . [7 αὐτῆι π[. . . Πολυ]|ανακτ[ι-

e) frag. 45

16 Χαρ]άξου[24]ε Χαρα[ξ-

213A

a) frag. 8

4] . Gôngu[la

b) frag. 42

1 corr]eram e n[2]feitos faunos e[3]as mandarem[os
4]ao ouro e . [5]mente[6]o rumo
a[7]u Carax[o   8]o próprio . [9]jovem
Polia[náctida   10]a nobre[11]a guardem . [

c) frag. 43 col. ii

2 Ca]raxo[3]acus[a-   6 in]justiça[9 e zom[ba

d) frag. 44 col. ii

1]Saf[o . . . Cara]lxo atr . [3 mand[. . . mos]ltrará . [. . .
ban]lquete [6 pr . [7 a ela p[. . . Poli]lanáct[ida

e) frag. 45

16 de Car]axo[24]e Cara[xo

f) frag. 47

4 Σαπφ[

g) frag. 48 col. ii

7 ἄλλαι με | . . [. .] . εισορησθα| ειγι[.] . . ν . ν[ ]σων πέ|φυκ[.] πλοῦ[τ]ο[ν] θέοι δίδοι|σιν[

13] . ολ|βον 20 Σ]απ|φῶι 41 ἀπα]λάμνωι 45 ἀραν γ[46 μελαινα[ ]αν μύ|γις 47]τοῦτο | τί μοι μέλη
. . [ ]λακ[49 ζώοισαν ἔχει[

i) frag. 59

1 Σαπφ[7 ουδιαν[

k) frag. 60

2 Ἀνδρο]μέδαν[

f) frag. 47

4 Saf[o

g) frag. 48 col. ii

7 mas se a mim| . . [. .] você visse| di[.] . . n . m[ ]da na|tur[.] deuses já dariam mais ri|qu[e]z[as

13] . bên|ção   20 a S]af|o   41 per]verso   45 prece e[46 negra[   ]a pou|co   47]e isso| em que me importa?
. . [ ]era[49 me toma viva[

i) frag. 59

1 Saf[o   7 nenhuma[

k) frag. 60

2 Andrô]meda[

    Papiro Oxirrinco 2506, do séc. I-II d.C., com um comentário a poetas líricos. O fragmento é longo e está em péssimo estado, por isso optei por seguir a edição de Battistini (a partir de Campbell), que retoma apenas os pontos centrais e em que mais provavelmente estamos lidando diretamente com o texto sáfico (e não com fragmentos de comentário).

213B

με ὁ βονβος ἰλ[
ὤτων καὶ ὁ τρόμ[ος
τοῦ σώματος κα[
καὶ μετὰ ταῦτα τ[
φησίν·

χλωροτ[έρα δὲ
π]οίας ἔμμι τεθ[άκην
δ' ὀ]λίγω δ' ἐπιδε[ύης
φαί]νομ' ἔμ'αὔτ[αι

213B

o zunido o gi[rar?
do ouvido e o tre[mor
do corpo to[mou-me?
e depois disso[
diz:

resto [na cor da
r]elva logo me pare[ce
que as]sim pereç[o
nes]se deslumb[re

PSI sem número, do séc. III d.C., com um comentário ao fragmento 31 e sua citação. Vale notar como esta edição respeita a quebra de linhas do papiro, e não nossa regra visual da quebra de versos.

213C

col. ii

δεῦτ[έ] μοι νᾶσον
δύ' ἔρωτές με
ἔσταμεν εὐχη.
ὦ δεξαμένηι κε[
σεμνὰ πολυκλ . [
πότνι' ὠράνω
Ἔρως ἐπεξενώ[θη
δεῦτ' ὄλβιαι
τίς ἔρωτος
ἤδη [μ'] ὄνηαρ
χαῖρε [Κ]υλλάνας
ὁ μέ[γα]ς πόντ[ος
θύω[με]ν' Ἀφροδ[ίτηι
ἐπὶ Δαον τι[

col. iii

ἁγνὴ μῆτ[ερ
Κύπρι κα[
ἀνετώφρο[διτ-
ἐγρέσθω μο[
αἰόλον φων[
ἀπεχ' οὖρον[
γλυκὺ με[
χαῖρε χα[ῖρε

213C

col. ii

Venh[a] e deixe a ilha	Alceu 34
Dois amores me	Anacreonte?
Vamos na prece.	Anacreonte?
Mulher que levara[	Anacreonte?
Ó multion . [	
Régia celeste	Alceu ou Safo
Amor se diver[tia	Anacreonte?
Ó santas venham	
Quem de amor	
Me] ajude agora	
Salve de [C]ilene	Alceu 308
O im[ens]o ma[r	
Sagrem[os] a Afrod[ite	Anacreonte?
Para Dânao e[	

col. iii

Santa mã[e	
Cípria e[	
Que Afrodite [livre	
Despertar [	
Fúlgida voz[	
Afaste o vent[	
Doce me[	
Salve sal[ve	Safo 116, 117, Alceu 401

εἶδον [ ] . [
γουνο[ῦμαι
νέον τ[
ὦ παῖ κ[
ἴθι μ . [
ωπ . [

Viram [ ] . [
Implo[ro   cf. Anacreonte 348
Novo[
Ah moço[Anacreonte?
Vá . [
Op . [

Papiro de Michigan 3498, do séc. II d.C., com as primeiras palavras de poemas de Safo, Alceu e Anacreonte, e talvez de outros poetas. Sigo as sugestões de autoria de Campbell, exceto na col. ii, linha 2, em que ele sugeria o frag. 5 de Safo, porque de lá para cá já descobrimos que o poema teria outra abertura. Este mesmo fragmento é editado como Alceu 306D e Anacreonte 347A.

214

a)

>]προλ[
>]φερην[
>] . ιδεθελ[
>'Αρ]χεάνασσα[
>]δήποτ' όνα[5
>]νασαμέν[
>]εν ἐπηρατ[
>]ν[

b)

>]α . [
>ἔ]κλυον ε[
>]ραvv . . δες δ[
>πα]ρθενικαις . [
>] . μ[5
>] . [

214

a)

>]prol[
]levan[
] . vedesej[
Ar]queanassa[
]uma vez e[5
]arem[
]e amável[
]n[

b)

]a . [
ou]viram a[
C]raníades e[
vir]ginais . [
] . m[5
] . [

Papiro Oxirrinco 2357, do séc. II d.C. Na edição de Voigt, que aqui sigo, este fragmento é numerado 103C.
   a) v. 4: Sobre Arqueanassa, cf. frag. 213 e nota.
   b) As Craníades eram ninfas das fontes d'água.

214A

frag. 35

1] π(ερὶ) γήρ[ως   5 η περὶ Γογγ[ύλης   6 μήλωι βαλ
[   ] .. [7 καὶ ἡ Σαπφὼ[11 Καλ]λιόπης

frag. 38

ἀπὸ Μυτ[ιλήνης

214A

frag. 35

1] s(obre) a velh[ice   5 a sobre Gông[ula   6 lançou maçãs
[   ] . . [7 e Safo[11 Cal]íope

frag. 38

de Mit[ilene

    Papiro Oxirrinco 2637, do séc. II d.C., com comentários sobre poesia lírica, sobretudo coral. Sigo a edição concisa de Campbell.

214B

frag. 2 col. i

v. 10   ]ων μοισαων
v. 12   ]νην ἀπὺ τῶδε
v. 13   εμ]μόρμενον·

214B

frag. 2 col. i

v. 10   d]as musas
v. 12   ]a parir dele
v. 13   des]tinado

Papiro de Colônia 5860, com comentário sobre Safo, que nos fala sobre sua suposta vida de professora para meninas em Lesbos e em outras cidades da Jônia. Como no frag. 213A, optei por seguir a edição de Battistini (a partir de Campbell), que retoma apenas os pontos centrais e em que mais provavelmente estamos lidando diretamente com o texto sáfico (e não com fragmentos de comentário).

214C

]   .. εδα[
]   ποδανα[
α]γέρωχος Ἄτ[θις
]αν χαριεσσαν[
]ν ἔχοισα θῦμο[ν					5
]θαλαμω . [
κ]αὶ κροτάλων ψ[όφ-
]το δυσωνύμο[ισι

214C

      ]   . . és[
      ]   ped[
    or]gulhosa Á[tis
    ]a graciosa[
    ] e o peito[5
    ]no leito . [
    e] o som do crótalos [
    ]de nome maldi[to

Papiro de Colônia, inv. 8, do séc. II d.C. Sobre Átis, cf. frags. 8, 49, 96, 131 e notas.

Epigramas atribuídos

Anthologia Palatina 6.269

Παῖδες, ἄφωνος ἐοῖσα τότ' ἐννέπω, αἴ τις ἔρηται,
 φωνὰν ἀκαμάταν κατθεμένα πρὸ ποδῶν·
"Αἰθοπίᾳ με κόρᾳ Λατοῦς ἀνέθηκεν Ἀρίστα
 Ἑρμοκλειδαία τῶ Σαϋναϊάδα,
σὰ πρόπολος, δέσποινα γυναικῶν· ᾇ σὺ χαρεῖσα 5
 πρόφρων ἁμετέραν εὐκλέισον γενεάν."

Antologia Palatina 6.269

Jovens, mesmo muda respondo, se alguém me pergunta,
 pela incansável voz posta debaixo dos pés:
"Deu-me à filha de Leto, à virgem Etópia, uma Arista,
 filha de Hermóclides Saunaíada mor,
tua serva, ó rainha femínea. Sim, regozija, 5
 peço, e concede então para a família os teus dons."

    Epigrama votivo, muito provavelmente do período helenístico. Nele vemos que uma certa Arista teria feito um ex-voto para Ártemis (nomeada Etópia em seu culto lésbio) em troca de proteção para sua família. Campbell considera que o ex-voto pode ser uma estátua da própria Arista, ou de uma filha sua, daí que ela seja muda, mas indique sua origem pelo texto consagrado.

Anthologia Palatina 7.489

Τιμάδος ἅδε κόνις, τὰν δὴ πρὸ γάμοιο θανοῦσαν
    δέξατο Φερσεφόνας κυάνεος θάλαμος,
ἇς καὶ ἀποφθιμένας πᾶσαι νεοθᾶγι σιδάρῳ
    ἅλικες ἱμερτὰν κρατὸς ἔθεντο κόμαν.

Antologia Palatina 7.489

Eis o pó de Tímade, morta sem ter casamento,
    vai a Perséfone ver tálamos todos de breu.
Com a morte, as parceiras cortaram as suas madeixas,
    mechas lindas de ver, no aço que mal se forjou.

    Epigrama funerário, muito provavelmente do período helenístico. Não sabemos quem é Tímade. Perséfone é a deusa dos mortos, casada com Hades.

Anthologia Palatina 7.505

Τῷ γριπεῖ Πελάγωνι πατὴρ ἐπέθηκε Μενίσκος
  κύρτον καὶ κώπαν, μνᾶμα κακοζοΐας.

Antologia Palatina 7.505

Para Pélagon pescador seu pai Menisco
  cesto e remo depôs, marcas da vida infeliz.

Epigrama funerário, muito provavelmente do período helenístico. Não sabemos quem são Pélagon ou Menisco.

Autoria incerta entre Alceu e Safo

i.a. 3

ἀλλά τις ἄμμιν δαίμων

i.a. 3

mas um nume por nós

Fragmento citado por Apolônio Díscolo, *Pronomes* 123b.

i.a. 4

ἀλλ' ὦ πάντ' ἐπόρεις Ἀέλιε

i.a. 4

mas ó Sol onividente

Fragmento citado nos *Epimerismoi Homeri*.

i.a. 5

a)

†δ' ἀλλ' ἄν μοι† μεγαλύνεο δακτυλίω πέρι

b)

ἄλλαν †μη καμετέραν† φρένα

c)

ἄβρα †δεῦτε πάσχης πάλαι† ἀλλόμαν

i.a. 5

a)

†louca não se† assoberbe por causa do seu anel

b)

†nem sequer† louca de coração

c)

†de novo† doida sofro/ salto/ vago

Fragmento citado por Herodiano, *Das palavras anômalas* α′ 26.

i.a. 6

Ἄρευ †ὁ φόβος διακτὴρ†

i.a. 6

Ares †e Medo assassino†

Fragmento citado por um gramático anônimo editado por Cramer.

i.a. 14

κὰτ ἰψήλων ὀρέων

i.a. 14

desce as altas montanhas

Fragmento citado nos *Epimerismoi Homeri*.

i.a. 16

⌐

Κρῆσσαί νύ ποτ' ὦδ' ἐμμελέως πόδεσσιν
ὦρχεντ' ἀπάλοισ' ἀμφ' ἐρόεντα βῶμον

* * *

ποίας τέρεν ἄνθος μάλακον μάτεισαι

i.a. 16

⌐

Cretenses mantêm pés num compasso firme
e dançam assim junto do altar amado

* * *

e enlaçam a flor frágil da relva

Fragmento citado por Hefestião, *Manual de métrica* 11.3, 5.

i.a. 17 e 21

τέουτος ἐς Θήβαις πάις ἀρμάτεσσ᾽ ὀχήμενος

* * *

Μᾶλις μὲν ἔννη λέπτον ἔχοισ᾽ ἀτράκτωι λίνον

i.a. 17 e 21

assim chegou a Tebas moço em carro mais veloz

* * *

e Málic faz finíssimo fio então em seu tear

    Fragmentos citados por Hefestião, *Manual de métrica* 14.5, para exemplificar um tetrâmetro catalético epiônico; é então provável que os dois versos pertençam a um mesmo poema. Hesíquio, *Léxico*, afirma que Mális é Atena; talvez, se confiarmos em Hipônax (frag. 40 West), seja um nome da Ásia Menor.

i.a. 18

a) = 154

b)

< > ὀνίαν τε κὐγείαν

c)

< > σα φύγοιμι, παῖδες, ἄβα

i.a. 18

a) = 154

b)

<   > alivia e desespera

c)

<   > mas crianças fujo ao viço

Fragmento citado por um metricista anônimo no Papiro Oxirrinco 220.

i.a. 19

ὄψι φὰρ ἄρξατο

i.a. 19

pois começara tarde

Fragmento citado por Apolônio Díscolo, *Advérbios* 573.

i.a. 20

πάντας ὀίγων θαλάμοις

i.a. 20

abre os tálamos todos

Fragmento citado por Zonaras, *Léxico*.

i.a. 23

χρυσοφάην θεράπαιναν Ἀφροδίτας

i.a. 23

auriclara servidora de Afrodite

Tudo indica que se trata de uma referência a Hécate, que Filodemo, *Da piedade* (p. 42 Gomperz), atribui a Safo.

i.a. 24

a)

Ἔσπερ' ὑμήναον

b)

ὦ τὸν Ἀδώνιον

i.a. 24

a)

Hímen e Véspero

b)

Ah por Adônio

Fragmentos citados por Mário Plócio Sacerdote, *Gramática* 3.3, como exemplos do dímetro datílico himenaico de Safo; mas podem ser exemplos inventados.

i.a. 25

ὡς δὲ πάις πεδὰ μάτερα πεπτερύγωμαι

i.a. 25

qual criança que foge pra mãe me arremesso

Fragmento citado por um escoliasta de Teócrito, *Idílios* 1.55b.

i.a. 25A

κλαίην δάκρυσιν

i.a. 25A

a chorar lágrimas

Fragmento citado pelo *Etymologicum genuinum*.

i.a. 25B

καὶ τὰν ἀκόρεστον ἀυάταν

i.a. 25B

e insaciável cegueira

Fragmento citado pelo *Etymologicum magnum*.

i.a. 28 = Alceu 253

].[
·]ρχας μεμ[
]κναλ- [
]
]ως ἀήδων[5
]
]ι φωναι[
  ]..γα[

i.a. 28 = Alceu 253

] . [
˙]amos[
]cal- [
]
]o rouxinol[5
]
]e vocal[
  ] . . gal[

    Esta série de fragmentos (i.a. 28-41) está numa sequência do Papiro Oxirrinco 2299 e foi primeiramente considerada como de autoria incerta. Posteriormente, Lobel-Page editaram os fragmentos como pertencentes todos a Alceu, no que foram seguidos por Campbell; no entanto, sigo aqui a dúvida de Voigt (incorporada na tradução de Alvaro Antunes), porque penso que alguns trechos apresentam muito em comum com o *corpus* atribuído a Safo.

i.a. 29 = Alceu 254

...[.]..[

κήναμε[

i.a. 29 = Alceu 254

... [.] . . [

aquela[

Papiro Oxirrinco 2299.

i.a. 30 = Alceu 255

]μ[
]ανθείας ἀπυ[
]ες κίβισιν δ . [
ἐθή]κατο κὰκ φίλ . π . [
ἐ]κ δ' ἔλε μ' ὄστια[5
]ς· περέτε . [
] . μαβο . [
  ]ερε . [

i.a. 30 = Alceu 255

]m[
]da flor vem[
]na bolsa e . [
enfi]ou pois e . p . [
os] ossos tomou-me[5
]o alem . [
] . urodebo . [
  ]le . [

Papiro Oxirrinco 2299.

i.a. 31 = Alceu 256

a)

]. λων . [
]εμον νό[η]μμ' ἀργαλ[ε
]αἴα σον θ[ερ]απον[τ
 ]. ον ἀλλα . [ ]ηνα[
]. θιδήαν κεφάλαν[
]παῖς τονδετελεσ . [5
]ωδεφ[   ]σοκ[
]οσπ[   ]ε . υ[
]θριασ[.] . [b)
]ησθεγα . [10
] .. λοισιν . [   ] ... [
]κται μελα . [   ]ηνθ[
] . το γάρ κ' εἰς . [   ] . φα[
]ινον ... ω . [   ]η[
] . [15

i.a. 31 = Alceu 256

a)

] . nt . [
]o meu pen[sa]r perturba[do
]teu gentil s[er]vo[
  ] . ão mas . [ ]ent[
] . testa de [Áti]s[5
]criança que fin . [
]ode[   ]soc[
]osp[   ]e . u[
]tria[.] . [b)
]emo . [10
] . . dos . [   ] . . . [
]a neg . [   ]den[
] . pois para . [   ] . fa[
]ino . . . o . [   ]e[
] . [15

Papiro Oxirrinco 2299.

i.a. 32 = Alceu 257

ὠς ὄτ' ἐπα[.

πρόσθενεμευδα[
λαμπο . [
παντ' ἐπιχ[
ὠς τομελι[5

ἦρ' ἔτι πάστ[

    μ . [
    να[
    κα[

    εμ[
    να[10

i.a. 32 = Alceu 257

quando fa[.

anteriormente[
brilha . [
toda e[
feito o mel[5

inda seria[

      m . [
      tem[
      e[

      m[
      na[10

Papiro Oxirrinco 2299.

i.a. 33 = Alceu 258

]μμιν ἦτ' ἀρήω[ν
]οττινά τοι σύνά[
] . αι Κρόνω

i.a. 33 = Alceu 258

]nós mel[hor
]que contig[
] . e Crono

Papiro Oxirrinco 2299.

i.a. 34 = Alceu 259

a)

.... [.] . [

κάλαις, ὠσ[
τοῦτό τοι φ[

γένεσθαι . [
ὠς γαρ κε[5

ὄπποι νυν[
μωσαμμ . [

ἐλπώρα[
. δοσο[. .] . . . [b)

σομε . [.]ποτ . [ ]ππ[10
οὐκ ἀυάδεες[ ]θάμβ[

.]υτα γὰρ παρο[ ]σθασ[
ἵ]πποις ἦχες[ ]ειτα[

.] . δ' ἄλλαι παρεβ . [ ]ει . [
κόσμω κῦδος ἐχ[15

νῦν δεῖ κῆναμε[
βεβάκαισ'[. .] . [⸍] . . . [

580

i.a. 34 = Alceu 259

a)

. . . . [.] . [

para as belas com[
isso te f[

suceder . [
pois assim[5

mas agora[
musam . [

espera[
. do[. .] . . . [b)

so . [.]qu . [   ]val[10
sem desgosto[   ]espant[

p]ois em t[   ]est[
ti]nha cor[céis   ]dep[

.] . e outras vin . [   ]a . [
tinha glória no enfei[15

mas convém[
já se foram [. .] . [´] . . . [

Papiro Oxirrinco 2299.

i.a. 35 = Alceu 261b col. i

```
                    ]ημ[
                 Ἀφρό]διτ[α
                ]ακεφα....[
               ´ ]αν λύθεισα·
        ].[    μαλ]οπάραυε, σοὶ μὰν        5
        ]´ δε.β[    ]ν γυναίκων
    ]...οισαν μ[ ].ζάεισαι
      ].ιν ὄρχησθ [ἐρό]εσσ' Ἄβανθι·
```

i.a. 35 = Alceu 261b col. i

        ]em[
      Afro]dit[e
      ]cabe . . . . [
      ⸥]a libera
    ] . [face-m[açã] contigo   5
    ]⸥ e . s[   ]das mulheres
] . . . entre m[ ] . sopram
  ] . dançar nossa [ama]da Abântis

Papiro Oxirrinco 2299.

i.a. 36 = Alceu 261 b col. ii + 262

a)

] . [. .]κυπ[

ἀγλαοι . [
βῶμος[

κυαν[
ἀργ[5

χρυ[σ

b)

. υμμ[
νυν[

θαυμα . [
κ . . [.] . [

i.a. 36 = Alceu 261 b col. ii + 262

a)

] . [. .]cip[

lúcid . [
um altar[

de ciân[
prat[5

ou[r

b)

. lhe[s
hoj[

espant . [
e . . [.] . [

Papiro Oxirrinco 2299.

i.a. 37 = Alceu 263

```
            ] . . [
          ]φονε . [
         ]αρμ' ἐρο[
        ] . . ος σίμαν[
        ] ˊ αἴθεροσον[                5
         ]εως δενα[
     θα]υμάσιον μεν . [
        ] . . πέφυκεδ . [
        ] . εκαλος[
          ]εφαντ[                     10
        ] . ασδελ[
         ]λων ὀνν[
         ]λος· αμφι[
```

i.a. 37 = Alceu 263

]..[
]voca.[
]junto à am[
]..de nariz cha[
]´. no ar[5
]o ter[
ad]mirável e.[
]..gera.[
].ebelo[
]efant[10
].o most[
]no nom[
]lo em torn[

Papiro Oxirrinco 2299.

i.a. 38 = Alceu 264

].σηδ.[
] αόιδαιθ[
].υλειψε[

i.a. 38 = Alceu 264

    ] . fer . [
    ] canta[
    ] . deix[

Papiro Oxirrinco 2299.

i.a. 39 = Alceu 265

]..[
χ]αριεσ.[
]ε[

i.a. 39 = Alceu 265

]..[
gra]cios.[
]e[

Papiro Oxirrinco 2299.

i.a. 40 = Alceu 266

].νοσ.[
]υνοργαι[
]κύδρ.[
]ανει..[

i.a. 40 = Alceu 266

```
] . doen . [
]dan[
  ]exul . [
 ]e . . [
```

Papiro Oxirrinco 2299.

i.a. 41 = Alceu 268

```
            ]μητ[
            ] ὄλβιο[
            ]ξοις . [
            ]παιδ . [
            ]ῶμω[                    5
            ]πόλλα[
            ]τ[
```

i.a. 41 = Alceu 268

]astu[
] santo[
]os . [
]criança . [
]co[5
]muito[
]t[

Papiro Oxirrinco 2299.

i.a. 42

```
            ] . ιηπ . [
            ] . ερο . [
            ] . ινδη . [
          ]αμφεβ[
            ] . υρωφ . [                              5
          ]χος μ' ἀλ[
δολοπ]λόκω Κύ[π]ριδ[ος
προσ]ανέως πυκιν[
κλ]εέννας Δίος ἀγ[γ]έλω . . [ . ] . [
        ]ος Μάκαρος ἔπελθε νᾶσο[ν           10
        ] σέμνας μέγαν ὅρκον ε . [ . . ]ε[
            ] . [ι]σθ . νατ . . φορωθ . [ . ] . [ . ] . [
              ] . [ . ]αροπ[ . ] λάμπρον ὥς
                     ] ὐπίσσω
                 -πέ]διλλ', ἐπεῖ                      15
                 ]  [   ]
```

i.a. 42

    ] . iep . [
    ] . amo . [
    ] . ide . [
  ]torn[
    ] . uro . [5
  ]o ma[
de] Cí[p]ris roc[a-de-ardis
gen]til suav[
e gló]rias do a[rau]to de Zeus . . [.] . [
   s]iga à ilha da Ventu[ra   10
  ] por augusta grande jura . [. .]e[
  ] . [s]ai . na . . tem . [.] . [.] . [
    ] . [.]omer[.] claro igual
        ] retorna
        cal]çado então   15
          ] [ ]

Papiro Oxirrinco 2378 (frag. adesp. 919 PMG). O fragmento está em dialeto eólico, porém não parece obedecer a nenhum padrão métrico encontrado no *corpus* atribuído a Safo e Alceu.

Metros de Safo

Eva-Maria Voigt, em sua edição de Safo e Alceu, faz um panorama completo dos ritmos sáficos, mesmo de fragmentos severamente mutilados. Aqui apresento apenas os metros recorrentes de fragmentos que parecem estar compostos de pelo menos um verso completo. Para que o leitor possa entender melhor, explico os sinais básicos:

— = sílaba longa do ponto de vista poético, já que pode ser constituída de uma vogal breve;
u = sílaba breve;
<u>u u</u> = ou uma sílaba longa ou duas breves (a substituição duraria o mesmo tempo musical); e
x = ancípite, a sílaba tanto pode ser breve como longa.

Na prática, Voigt usa mais símbolos, para indicar, por exemplo, se numa posição ancípite há predominância de longas, breves, ou um equilíbrio; no entanto, não creio ser necessária tamanha minúcia nesta edição. O segundo ponto importante é tentar entender como essa notação pode ser lida. Em geral, entendemos que uma sílaba longa tem duração equivalente ao dobro de uma breve; musicalmente falando, poderíamos falar que são mínimas e semínimas. No entanto, tudo indica que a música grega não tinha uma regra absoluta e que, acima de tudo, era necessário apenas que uma longa durasse mais que as breves, o que geraria também, por exemplo, longas com duração de três ou quatro breves.

Seja como for, temos na métrica grega uma espécie de pré-partitura rítmica que permitiria o canto; por isso, tal como venho fazendo em meu trabalho com a poesia romana de Horácio (o poeta que mais incorporou ritmos da poesia eólica em Roma), também nesta tradução busco manter as possibilidades do jogo rítmico anunciado pela métrica grega, portanto as notações métricas abaixo valerão também para uma performance vocal do texto em português.

Há uma tradição milenar de debates em torno da interpretação desses metros; seus nomes mesmos não valem para o período arcaico, mas foram sistematizados por metricistas posteriores, às vezes muito posteriores. Até hoje, muitos filólogos tentam dar um nome específico para cada metro, dividindo os versos de acordo com pés, fazendo combinações de nomes complexos até mesmo para especialistas, que quase sempre discordam entre si. Em vez de manter um sistema de nomenclatura fechada, darei aos leitores apenas algumas bases rítmicas sobre as quais os versos parecem ter sido elaborados. Serão recorrentes alguns nomes (usados em período posterior à vida de Safo), por constituírem base para a interpretação de muitos metros:

Adônio = — u u — x
Asclepiadeu Maior (tetrâmetro) = x x — u u — — u u — — u u — u x
Asclepiadeu Menor (trímetro) = x x — u u — — u u — u x
Báquico = u — —
Coriambo = — u u —
Crético = — u —
Dátilo = — u u
Ferecrácio (ou dímetro catalético) = x x — u u — x
Glicônico (ou dímetro acatalético) = x x — u u — u x
Hiponacteu (ou dímetro hipercatalético) = x x — u u — u — —
Iambo = u —
        x — u —
Itifálico = — u — u — —
Jônico Maior = Maior — — u u
              Menor u u — —
Praxílio = x — u u — u — u — x
Troqueu = — u
        — u — u

Como eu disse, há muita disputa interpretativa que se origina nos metricistas antigos e se estende até trabalhos muitíssimos recentes; porém não pretendo aqui me aprofundar ou defender a melhor leitura; por isso, nem mesmo indicarei as cesuras (respirações internas ao verso, por vezes obrigatórias) presentes entre os metricistas, mas apenas a disposição rítmica das sílabas poéticas. Apresento, portanto, uma aproximação singela, que apenas auxilie o leitor interessado em compreender a complexa variedade rítmica do *corpus* sáfico. Vamos aos metros.

LIVRO I (frags. 1-42)

Esse livro foi compilado apenas com Estrofes Sáficas.

Fragmentos 1-42, Estrofe Sáfica:

— u — x — u u — u — x
— u — x — u u — u — x
— u — x — u u — u — x
　　— u u — x

LIVRO II (frags. 43-52)

Esse livro foi compilado apenas com um tipo de Glicônico.

Fragmentos 43-52, um verso Glicônico, ou Tetrâmetro Sáfico:

x x — u u — u u — u u — —

LIVRO III (frags. 53-57)

Os poucos fragmentos que temos desse livro indicam que seria compilado apenas com Glicônicos, também conhecido como Asclepiadeu Maior.

Fragmentos 53-57, Asclepiadeu Maior:

x x — u u — — u u — — u u — u x

LIVRO IV (frags. 58-91)

Os fragmentos que permitem identificação clara do metro sugerem que esse livro tenha sido compilado apenas com base em Hiponacteu, ou Tetrâmetro Jônico Maior.

Fragmentos 58, 62, 63, 65, 68, 71, 81, 82, 86, 91: verso Hiponacteu, ou Tetrâmetro Jônico Maior:

x — u u — — u u — — u u — u — x

LIVRO V (frags. 92-101A)

Esse livro foi compilado com estrofes de base de Glicônico e Ferecrácio de vários tipos, com variações.

Fragmento 94:

x x — u u — u x
x x — u u — u x
x — u u — u u — x

Fragmento 96:

— u — x x — u u — u —
  — x — u u — u — (no v. 7: — u — u — u u —)
    x x — u u — u — u — x

Fragmento 98:

x x — u u — u —
x x — u u — u —
— u —x u — u u — x (pode variar para: — u — x u — u — u x)

Fragmento 99:

a)

— — u u — u —
x — u u — u — u — u —
— — u u — u —
x — u u — u — u — u —

b)

x — u — x — u —
?
x — u — x — u —

Fragmentos 100, 101, 101A: metro incerto.

LIVRO VI

Não foram encontrados fragmentos desse livro, portanto é impossível afirmar sobre seu metro.

LIVRO VII (frag. 102)

Foi encontrado apenas um fragmento possivelmente localizável nesse livro, o que dificulta uma definição precisa sobre sua organização métrica.

Fragmento 102, verso talvez composto por mistura entre Iambo, Glicônico e Báquico, ou então de Dímetro Jônico:

x — u — u — — u u — u — u — —

LIVRO VIII (frags. 103, 103A e 103B)

Foi encontrado apenas um fragmento (triplo e com variação métrica) possivelmente localizável nesse livro, o que dificulta uma definição precisa sobre sua organização métrica.

Fragmento 103, parecem ser versos com base em Glicônico e/ou Hiponacteu:

(x) x —] u u — u u — — u u — — [u u — u — (—)

Fragmento 103A: metro incerto, talvez Estrofe Alcaica.

Fragmento 103B, metro incerto:

] — — u u — — [

LIVRO IX (EPITALÂMIOS) (frags. 104-117A)

Esse livro foi compilado a partir de uma organização temática em epitalâmios (poemas nupciais) em metros diversos. É o único livro organizado sem coerência métrica.

Fragmento 104:

a) Hexâmetro Datílico seguido de Iambo-Ferecrácio.

— u u — u u — u u — u u — u u — —
u — u — — u u — u u — u u — —

b) Metro incerto

Fragmentos 105, 106: Hexâmetro Datílico (cf. frag. 104).

Fragmento 166, Asclepiadeu Menor:

x x — u u — — u u — u x

Fragmento 105, Hexâmetro Datílico (cf. frag. 104):

— u u — u u — u u — u u — u u — x

Fragmentos 107, 108, 109: metro incerto, mas com ritmos de base Datílica (— u u).

Fragmento 110, Tetrâmetro Datílico:

— u u — u u — u u — x

Fragmento 111, Ferecrácio, Iambo, Ferecrácio variado:

— x — u u — x
 u — u —
— — u u — u u — x

Fragmento 112, Coriambo-Báquico (2x):

— u u — u — x | — u u — u — x

Fragmento 113, Trímetro Jônico Menor:

        ] — —
u u — — u u — — u u — —

Fragmento 114, três Coriambos e Báquico (o segundo verso está corrompido):

— u u — — u u — — u u — u — —

Fragmento 115, Ferecrácio:

x x — u u — u u — u — x

No entanto, Hefestião o apresenta como um Pentâmetro Datílico:

— u u — u u — u u — u u — x

Fragmento 116, metro incerto:

— u — x — u — u u — u — —

Fragmento 117, Trímetro Iâmbico Catalético:

x — u — x — u — x — x

FRAGMENTOS DE LOCALIZAÇÃO INCERTA
(frags. 118-192)

Como se pode imaginar, não há qualquer regularidade métrica nesta seção e, pelo estado em geral comprometido, muitas vezes é difícil ter certeza sobre o metro de cada fragmento.

Fragmentos 118, 119, 121, 122, 125, 126, 129, 139, 140, 141, 145, 147, 153, 161: metro incerto (cf. notas específicas a cada um, quando houver).

Fragmento 120: cf. nota ao fragmento, que parece caber nos metros do Livro III.

Fragmento 123: pertence a uma Estrofe Sáfica, por isso é provável que pertencesse ao Livro I.

Fragmento 124, Prosodíaco:

x — u u — u u —

Fragmento 127, Duplo Itifálico:

— u — u — — | — u — u — —

Fragmento 128, Coriambo e Báquico (ou um Tetrâmetro Coriâmbico, como designa Hefestião):

— u u — — u u — — u u — u — —

Fragmentos 130, 131, Glicônico:

x x — u u — u u — u —

Fragmento 132, Assinarteto de Dímetro Trocaico Acatalético e Dímetro Hipersilábico Iâmbico:

— u — u — u — x u — u — u — x

Fragmento 133, Iambo seguido de Dímetro Jônico Anaclástico:

x — u — u u — u — u — —

Fragmentos 134 e 135, Trímetro Jônico Menor:

u u — — u u — — u u — —

Fragmento 136, Ferecrácio:

x x — u u — u u — u u — x

Fragmento 137, Estrofe Alcaica:

x — u — — — u u — u x
x — u — — — u u — u x
  x — u — — — u — x
— u u — u u — u — x

Fragmento 138, metro incerto, talvez Iambo, Glicônico, Iambo:

x — u — — — u u — u — x — u x

Fragmento 140, Ferecrácio:

x x — u u — — u u — — u u — x

607

Fragmento 141, metro incerto:

v. 2 e 4: — — u u — x

vv. 2 e 5: — — u — x

vv. 3 e 6, incertos: x — u — x — u . . . ?

Fragmentos 142, 143: Hexâmetro Datílico (cf. 104).

Fragmento 144, algum metro de base Glicônica:

— — [...] u u — u u — u —

Fragmento 146, Ferecrácio:

— u — u u — u u — x

Fragmento 148: metro incerto, mas com aparente base Glicônica típica do Livro IV.

Fragmento 149, Ferecrácio:

u u — u u — u u — x

Fragmento 150, metro incerto, talvez Asclepiadeu Maior:

x x — u u — — u u — — u u — u —

Fragmento 151, talvez Asclepiadeu (Maior ou Menor):

— — — u u — — u u — x

Fragmento 152, metro de aparente base Datílica:

— u u — u u — u u — — x

Fragmento 153, metro incerto:

— u u — u — x

Fragmento 154, Praxílio (Trímetro Braquicatalético Jônico Maior), segundo Hefestião; ou Glicônico e Báquico, segundo Voigt:

— — u u — u — u — x

Fragmento 155, Crético e Hiponacteu:

— u — — — u u — u u — u — —

Fragmento 156, Glicônico ou Pentâmetro Dátilo-Epitrito:

— — — u u — u u — u u — u —

Fragmento 157, Estrofe Sáfica (último verso?) ou Adônio:

— u u — x

Fragmento 158, Dímetro Adônio:

— u u — x | — u u — x

Fragmento 159, metro incerto:

— u — — u u — u x

Fragmento 160: Estrofe Sáfica.

Fragmento 168B, Hiponacteu:

x — u u — u — x

Fragmentos 169-192: os fragmentos desta série são compostos por palavras soltas e não há como identificar o metro.

ALUSÕES E REFERÊNCIAS DE OUTROS AUTORES
(frags. 192-212)

Nesses fragmentos temos textos em prosa de outros autores comentando poemas de Safo.

COMENTÁRIOS ANTIGOS (frags. 213-214C)

Como são comentários em papiros em péssimo estado, mal podemos distinguir o que é o poema e o que é seu respectivo comentário; é impossível compreender os metros.

EPIGRAMAS ATRIBUÍDOS

Os epigramas estão escritos em Dísticos Elegíacos:

— u̲ u̲ — u̲ u̲ — u̲ u̲ — u̲ u̲ — u u — x
— u̲ u̲ — u̲ u̲ — — u u — u u —

AUTORIA INCERTA ENTRE ALCEU E SAFO
(nomeados como i.a.)

Em geral, estes fragmentos estão em estado que impede sua identificação métrica. Anoto apenas os que nos dão melhor ideia.

Fragmento i.a. 4:

— — — u u — — u u x

Fragmento i.a. 5: metro incerto, mas com aparente base Glicônica.

Fragmento i.a. 16, Trímetro Jônico Maior Acatalético:

— — u u — — u u — u — x

Fragmentos i.a. 17 e 21, Tetrâmetro Epiônico Catalético, segundo Gentili e Lomiento; Iambo, Glicônico e Iambo, segundo Voigt:

x — u — — — x x — u — x — u x

Fragmento i.a. 18, pode ter base em Glicônico, ou Dímetro Jônico:

] u u — u — u — x

Fragmento i.a. 23, Coriambo e Dímetro Jônico:

— u u — u u — u — u — x

Fragmento i.a. 25, parece Ferecrácio similar ao frag. 136:

— u — u u — u u — u u — x

Fragmento i.a. 31:

] u — u — — u u — [

Fragmento i.a. 34:

x x — u u [

Fragmento i.a. 35: talvez Estrofe Sáfica:

] x — u u — u — x

Testemunhos da Antiguidade

Na construção disso que chamo *corpus* sáfico, não está em jogo apenas o canto repetido e variado ao longo dos anos ao longo de outros corpos, como observo na introdução deste livro; mas também os discursos que se fazem em torno da figura sáfica que organiza autoralmente esse mesmo *corpus*; daí a importância de apresentar, junto aos fragmentos, também um conjunto significativo dos testemunhos da própria Antiguidade acerca da poesia sáfica, que assim nos ofereça um sentido múltiplo desse *corpus* igualmente múltiplo. Sigo abaixo os testemunhos compilados segundo a organização temática de David Campbell, porém não obedeço plenamente sua numeração, nem parte das divisões. Além disso, incorporei alguns testemunhos que ele havia deixado de lado, por julgá-los importantes.

BIOGRAFIAS

1) Papiro Oxirrinco 1800, frag. 1 (séc. II-III d.C.):
"SOBRE SAFO — Safo veio de família lésbia, da cidade de Mitilene; seu pai foi Escamandro, segundo outros Escamandrônimo. Tinha três irmãos, Erigio, Lárico e o mais velho Caraxo, que viajava ao Egito e se juntou a uma certa Dórica, com quem teve muitos gastos. Tinha por filha Cleís, homônima da mãe. Tem sido acusada de anormal e de ginecerastia [amor por mulheres]. Quanto à aparência, deve ter sido desagradável e bastante feia, com a pele escura e baixíssima estatura. [...] usava o dialeto eólico [...] escreveu [nove] livros de lírica, um de elegias [e outros gêneros]."[1]

---

[1] As reticências indicam passagens mais corrompidas do papiro, que preferi não traduzir.

2) *Suda* Σ 107 (Safo, primeira entrada):
"Safo, filha de Símon, ou de Eumeno, ou de Eerigio, ou de Écrito, ou de Semo, ou de Cámon, ou de Eparco, ou de Escamandrônimo, e sua mãe chamava-se Cleís; era Lésbia de Éreso, poeta lírica, nascida na 42ª Olimpíada [612/608 a.C.], quando viviam Alceu, Estesícoro e Pítaco. Tinha três irmãos: Lárico, Caraxo e Eurígio. Casou-se com um homem riquíssimo, Cércilas de Andro, e dele fez uma filha chamada Cleís; tinha três parceiras e amigas, Átis, Telesipa e Mégara; por causa dessas amizades torpes, foi difamada. Suas discípulas foram Anágora de Mileto, Gôngula de Colofão e Eunica de Salamina. Escreveu nove livros de cantos líricos. Foi a primeira a inventar o plectro. Escreveu também epigramas, elegias, iambos e monodias."

A OUTRA SAFO[2]

3) *Suda* Σ 108 (segunda entrada):
"Safo, lésbia de Mitilene, liricista. Pelo amor de Fáon de Mitilene ela se lançou do penhasco de Lêucade. Alguns dizem que também escreveu poesia lírica."

4) Eliano, *Histórias diversas* 12.19:
"À poeta Safo, filha de Escamandrônimo, até mesmo Platão, filho de Arístono, a descreve como sábia. Compreendo que havia em Lesbos outra Safo: cortesã, e não poeta."

CRONOLOGIA

5) Mármore de Paros, Ep. 36 (236 a.C.):
"De quando Safo navegou exilada de Mitilene até a Sicília, [...]

---

[2] É provável que esta segunda Safo seja uma ficção erudita, com o fim de salvar a reputação da poeta. Outros testemunhos sobre Fáon, para além dos de Campbell, foram reunidos por Anne Carson, como curiosidade; no entanto, creio que há certa redundância, por isso optei por não traduzi-los. Seja como for, os testemunhos 13, 22 e 25 abaixo ainda apresentam mais sobre o assunto.

quando era arconte de Atenas Crítias Primeiro, e em Siracusa os gámoros detinham o poder."³

6) Eusébio, *Crônicas*, Olimpíada 45.1:
"Safo e Alceu eram tidos como poetas famosos [em 600 ou 599 a.C.]."

7) Estrabão, *Geografia* 13.2.3:
"Floresceu junto com eles [Alceu e Pítaco] também Safo, figura espantosa; pois não sabemos que, em toda história recordada, tenha aparecido outra mulher que chegue perto da graça de sua poesia."

8) Ateneu, *Banquete dos sofistas* 13.598bc:

> Como o lésbio Alceu entrou em inúmeras festas
> para na lira cantar Safo com tanta paixão
> todos sabem. O aedo amou rouxinóis e ofendia
> o homem de Teos,⁴ que viu tanta potência em cantar:
> Anacreonte de mel disputava os amores da moça.
> [Hermesíanax, frag. 2.47-51]

Nestes versos Hermesíanax se engana ao julgar que Safo e Anacreonte fossem contemporâneos: este viveu no tempo de Ciro e Polícrates; ela no de Aliates, pai de Creso. Cameleão, em *Sobre Safo*, afirma que eram para ela que tinham sido compostos os seguintes versos de Anacreonte:

> Novamente com púrpura
> bola o auricomado Amor
> me convida pra vir brincar
>   junto à moça calçada.
>
> Vem de Lesbos, de pólis-luz,
> mas prefere zombar dos meus

---

³ Em algum período entre 605 e 590 a.C. Sabemos que havia uma estátua de Safo em Siracusa.

⁴ O homem de Teos é Anacreonte.

615

>   cachos brancos e corre atrás
>   de uma moça — imagino.
>   [frag. 358 Campbell]

E que Safo lhe dedicou os seguintes versos:

> Esse hino, ó tronidourada Musa,
> só você soou, que da pátria bela
> para lindas jovens o velho teio
>   canta com graça.
>   [frag. adesp. 35 Campbell]

Mas que este canto não é de Safo todos percebem. Creio que Hermesíanax estava brincando sobre este amor. Pois também o comediógrafo Dífilo, na peça *Safo*, apresenta Arquíloco e Hipônax como amantes de Safo.

9) Heródoto, *História* 2.134:
"[...] durante o reinado de Amásis floresceu Rodópis [...]"[5]

10) Eliano, citado por Estobeu, *Antologia* 3.29.58:
"Sólon de Atenas, filho de Execéstides, quando seu sobrinho cantou uma canção de Safo, gostou da canção e pediu para que lhe ensinasse; quando alguém lhe perguntou a causa de tanta animação, dizia: 'Para aprendê-la e depois morrer'."

PÁTRIA

11) Pólux, *Vocabulário* 9.84:
"Os mitilenos gravaram Safo em suas moedas."

12) Estrabão, *Geografia* 13.2.4:
"De Éreso eram Teofrasto e Fânias, dois filósofos peripatéticos."[6]

---

[5] Amásis foi faraó do Egito entre 568-526 a.C.

[6] Campbell insere este testemunho com o argumento de assim excluir a figura de uma Safo erésia, já que ela deveria ser listada por Estrabão, se fosse o caso.

FAMÍLIA

13) Ovídio, *Heroides* 15, "De Safo para Fáon", vv. 15-20, 29-36, 61-70, 117-20, 201-2:

>   Nem aquelas garotas de Pirra, nem de Metimna
>   nem as multidões lésbias irão me agradar.
>   Hoje Anactória é vil é vil a cândida Cidro,
>   mesmo Átis, que foi todo meu brilho no olhar,
>   e outras cem que amei, mas não sem gosto de crime.
>   Tantas tiveram, cruel, isto que é só pra você!
>   [...]
>   Nem sequer Alceu, meu parceiro de pátria e de lira,
>   leva maior louvor, mesmo que soe demais.
>   Se a natureza difícil negou-me o dom da beleza,
>   pelo talento terei paga por tal punição.
>   Sou pequena, porém detenho um nome que ocupa
>   toda a terra e será nome a medida de mim.
>   Branca não sou, mas Cefeia Andrômeda outrora agradava
>   seu querido Perseu, toda trigueira de sol.
>   [...]
>   Aniversários passaram, seis, pras ossadas paternas
>   virem um dia beber lágrimas minhas por fim.
>   Meu irmão falido ardeu no amor duma puta,
>   junto com perdas sofreu pela vergonha maior.
>   Cruza falido o mar cerúleo com remos velozes,
>   e o que perdeu por mal, busca por mal recobrar.
>   Hoje me odeia pelos conselhos leais que lhe dava:
>   eis o prêmio que vem por liberdade ao falar.
>   Como se não bastassem os males que hoje me assolam
>   veio uma filha aumentar minha infeliz aflição.
>   [...]
>   Com as minhas dores goza e ri-se Caraxo:
>   sempre diante do olhar passa e repassa o irmão.
>   Pois que a causa da minha dor me parece uma infâmia,
>   diz: "O que causa a dor? Vejam a filha que tem!"
>   [...]

> Lésbias, cujo amor me tornou por fim uma infame,
> deixem de vir escutar cítara em minhas canções.[7]

14) Papiro Oxirrinco 2506, frag. 48 col. iii, vv. 36-48:
"[...] Ca[raxo] ... [Lári]co ... muito querido .. [Eri]gio por suas vestes. Pois isso [mostra] que era uma boa dona de casa, cuidadosa. Safo [...] sobre os irmãos [...]"

15) Ateneu, *Banquete dos sofistas* 13.596cd:
"Heródoto a [Dórica] chama de Rodópis, sem saber que ela não é a mesma Dórica, mas aquela que dedicou em Delfos os famosos fusos que Cratino menciona [...].[8] Posidipo compôs um epigrama para essa Dórica, também a menciona muitas vezes em sua *Esopia*. Ei-lo:

> Tanto tempo, Dórica, faz que dormem teus ossos
> junto às fitas de então, junto aos perfumes do teu
> manto usado para envolver o lindo Caraxo,
> para colada beber vinho em sabor matinal;
> mas a página branca do canto lindo de Safo
> dura e dura mais, dura nos tempos além.
> Nome feliz o teu, que Náucratis inda preserva
> se uma barca cruzar este oceano de sal."

VIDA

16) Porfirião, sobre Horácio, *Epístolas* 1.19.28:
"'Máscula Safo', ou porque é famosa pelo empenho poético, em que mais aparecem os homens, ou porque foi difamada como tríbade."

17) Dionísio Latino, sobre Horácio, *Epístolas* 1.19.28:
"'Máscula', não mole, nem dobrada pelos prazeres, nem impudica."[9]

---

[7] Campbell separa os trechos de Ovídio segundo os temas que ele próprio organiza, porém preferi reuni-los como um único testemunho complexo.

[8] Citação perdida.

[9] "Mole", nesta passagem, provavelmente quer dizer "tríbade". Cf. os versos de Horácio no testemunho 33.

18) Horácio, *Odes* 2.13.21-8:

> Por pouco o lar da negra Prosérpina
> e o arbitrante Éaco eu não vi,
>   e a divisão das casas pias
>   e numa eólica lira os prantos
>
> de Safo contra as moças da pátria,
> e tu, com voz mais ampla em teu áureo
>   plectro, ó Alceu, cantando a dura
>   sina de barcas, exílios, guerras!

19) Máximo de Tiro, *Orações* 18.9:
"O [amor] da lésbia [...] seria outra coisa que não a arte erótica de Sócrates? Pois me parecem terem praticado o desejo a seu modo, ela por mulheres, ele por homens. Também dizem que amaram e eram tomados por todas as belezas. E o que Alcibíades, Cármides e Fedro foram para ele, foram para ela Girino, Átis e Anactória; e tal como os rivais artísticos de Sócrates foram Pródico, Górgias, Trasímaco e Protágoras, as de Safo foram Gorgo e Andrômeda; pois ora ela as critica, ora as questiona, ironizando como Sócrates."

20) Filóstrato, *A vida de Apolônio de Tiana* 1.30:
"Anteontem você me perguntou, disse Apolônio, o nome daquela mulher panfília, que dizem ter se associado a Safo e composto em modos eólios e panfílios os hinos cantados a Ártemis Pergeia [...] Essa sábia mulher se chamava Damófila e dizem que, ao modo de Safo, reuniu um círculo de virgens e compôs poemas eróticos e hinos. Seus hinos a Ártemis parodiam e imitam os de Safo."

21) Sêneca, *Cartas a Lucílio* 88.37:
"O gramático Dídimo escreveu quatro mil livros: eu já teria pena dele se tivesse lido esse número de obras inúteis. Em alguns livros debate sobre a pátria de Homero, em outros sobre a verdadeira mãe de Eneias, em outros se Anacreonte teria tido uma vida mais luxuriosa ou ébria, em outros se Safo teria sido prostituta, e outros assuntos que, se você soubesse, teria de desaprender. Vá lá e não venha me dizer que a vida é longa."

22) Estrabão, *Geografia* 1.0.2.9:
"Lêucade tem o templo de Apolo Leucádio e o ponto donde se salta para curar o amor:

    Por onde a primeira, Safo, foi

como diz Menandro,

        caçando atrás Fáon cruel,
        ferida pela paixão pulou
        da rocha vista ao longe

Menandro diz que Safo foi a primeira a se arremessar, mas outros mais eruditos sobre o mundo arcaico dizem que foi Céfalo, filho de Dioneu, apaixonado por Ptérelas."[10]

IMAGENS

23) Cícero, *Verrinas* 2.4.125-7:
"Pois a estátua de Safo roubada do pritaneu vai lhe [a Verres] dar uma boa desculpa, já que parece que devem mesmo perdoar você. Que indivíduo, público ou privado, teria essa obra tão perfeita, tão elegante, tão elaborada de Silânion, se não o elegantíssimo e eruditíssimo Verres? [...] E é difícil dizer quanta saudade deixou para trás essa Safo roubada. Pois, além de ser ela própria feita com refinamento, tinha na base inscrito um epigrama grego nobilíssimo, que esse homem erudito e greguinho, sutil em seu juízo, o único a compreender tais obras, se soubesse ao menos uma única letra do grego, também teria roubado. Assim o texto declara o que ficava na base agora vazia e indica o que foi roubado."

---

[10] O testemunho editado por Campbell continua sobre os costumes de Lêucade, que me parecem aqui de pouca relevância; por isso, como Brunet, termino o texto neste ponto.

COMÉDIAS

24) Ateneu, *Banquete dos sofistas* 10.450e:
"Em *Safo*, Antífanes faz a própria poeta apresentar charadas desse modo, quando alguém assim a resolve [...]"[11]

25) Ateneu, *Banquete dos sofistas* 11.487a:
"Dífilo, em *Safo*:

> Aceite a taça toda cheia, Arquíloco,
> oferta a Zeus Soter e ao Bom Espírito."[12]

EPITÁFIOS

26) Antípater de Sídon, *Antologia Palatina* 7.14:

> Terra eólia por sobre Safo, que junto das Musas
>   imortais será sempre a Musa mortal,
> Cípris e Amor a educaram, Persuasão por seu meio
>   pode guirlandas tecer para vivazes canções,
> gozo da Hélade, glória para você. Ó divinas
>   Moiras que triplo fio fiam no fuso que têm,
> digam por que não tramam o dia sem fim pra cantora
>   que os infinitos dons do Hélicon pode levar.

27) Túlio Laureia, *Antologia Palatina* 7.17:

> Quando passar pela tumba eólia, estranho não diga
>   que eu, mitilena por dom, serva dos cantos, morri,
> mãos humanas fizeram a tumba, e as obras dos homens
>   tendem a desvanecer no esquecimento veloz;

---

[11] A charada seria, resumidamente, "Que fêmea tem bebês mudos que falam para quem está distante?" Resposta "A letra", presente no frag. 196 Kock (*Comicorum Atticorum Fragmenta*).

[12] Houve pelo menos mais quatro comédias chamadas *Safo*, de Tímocles, Efipo, Amípsias e Ânfis. Platão Cômico e Antífanes escreveram peças chamadas *Fáon*, que também podem ter tratado da poeta.

mas se julgar pela graça das Musas, visto que a cada
nume concedo uma flor, uma pras nove que há,
vai saber que escapei às sombras do Hades e nunca
nasce o sol sem dizer nome de Safo no fim.

EDIÇÕES ANTIGAS

28) Escoliasta sobre os metros de Píndaro, *Píticas* 1:
"[...] o hendecassílabo sáfico, em que está escrito todo o primeiro livro de Safo."[13]

29) Hefestião, *Da poesia* 1.2:
"Estrofes comuns são aquelas que poderiam ser bem escritas verso a verso ou estrofe a estrofe, como é o caso do segundo e terceiro livros de Safo. Pois nos manuscritos antigos vemos que cada canção é marcada com um parágrafo a cada dois versos, e não há um número ímpar de versos, então podemos supor que eles foram escritos em estrofes. Por outro lado, se considerarmos que cada verso do dístico é idêntico e que foi por acaso que a poeta fez todos os poemas com um número par de versos, é possível dizer que foram escritas verso a verso."

30) Césio Basso, *Sobre os metros*, 6.258 Keil:
"[O hendecassílabo falécio] é frequente em Safo, cujo quinto livro está repleto desse gênero de versos, sejam contínuos ou misturados."[14]

31) Fócio, *Biblioteca* 161:
"Foram lidas várias passagens nos 12 livros do sofista Sópater. O livro é compilado a partir de vários relatos e documentos [...] e com vários outros, mas sobretudo o oitavo livro de Safo."[15]

---

[13] Como afirmo na apresentação, a edição escrita de Safo, aqui referida, é do período helenístico.

[14] Os fragmentos do Livro V mostram vários metros eólicos, mas nenhum hendecassílabo falécio apareceu até o momento.

[15] Optei por uma versão mais breve do testemunho, que apenas mostra a presença de poemas sáficos na obra de Sópater, sem mencionar outras obras ali presentes.

METROS

32) Mário Vitorino, *Arte gramática* 6.161 Keil:
"Estrofe sáfica, que, embora tenha sido inventada por Alceu, ainda assim é chamado hendecassílabo sáfico pelo número de sílabas e porque Safo o usou com mais frequência do que o inventor Alceu. A estrofe se fecha com uma quarta linha. Três hendecassílabos, portanto, são iguais, como se pode ver: [cita Horácio, *Odes* 1.2.1-3], e assim o sentido não se fecha, a não ser pelo epodo."

33) Horácio, *Epístolas* 1.19.28-9:

> Máscula Safo tempera a Musa de Arquíloco em metro,
> tal como Alceu tempera, com ordens e temas diversos.

34) Anônimo, *Antologia Palatina* 9.190.7-8:

> Safo na lírica assim superou Erina, portanto,
>   quanto Erina venceu Safo no hexâmetro enfim.

35) Dionísio de Halicarnasso, *Da composição literária* 19:
"Os poetas líricos arcaicos, falo de Alceu e de Safo, faziam estrofes pequenas, sem introduzir muita variação em seus cólons, em geral usavam pouco dos curtos epodos."

36) Plutarco, *Da música* 16.1136c:
"O mixolídio é um modo patético [i.e. emocional], adequado às tragédias. Aristóxeno diz que Safo foi a primeira a inventar o mixolídio e que com ela os tragediógrafos aprenderam."

37) Ateneu, *Banquete dos sofistas* 14.635b:
"Menecmo diz, em *Dos artistas*, que a péctis — segundo ele, a mesma que a mágadis — teria sido inventada por Safo."[16]

---

[16] A péctis parece ter sido um tipo de lira, enquanto a mágadis deve ter sido um instrumento de vinte cordas mais próximo de uma harpa, de origem lídia ou trácia.

38) Ateneu, *Banquete dos sofistas* 14.639a:
"Clearco, no segundo livro das *Eróticas*, diz que as canções eróticas e as chamadas lócrias em nada diferem das de Safo e de Anacreonte."

39) *Suda* Δ 1496:
"Drácon de Estratonícea, gramático[17] [...] *Dos metros de Safo*, *Das canções de Alceu*."

40) Estrabão, *Geografia* 13.2.4:
"[...] também era lésbio o historiador Helânico e Cálias, o comentador de Safo e Alceu."[18]

CRÍTICA DOS ANTIGOS

41) Alceu, frag. 384 Campbell:

    Em riso-mel, sagrada, violeta Safo

42) Dionísio de Halicarnasso, *Demóstenes* 40:
"Depois desse, vem o estilo refinado e teatral, que prefere sutileza em vez de majestade; sempre escolhe as palavras mais suaves e leves, caçando a eufonia, a melodia e a doçura delas provenientes. Em segundo lugar, não busca dispô-las ao acaso, nem juntar precipitadamente umas nas outras; mas avalia cada modo para criar ecos mais musicais e contempla com quais esquemas realizar junções mais graciosas; assim tenta juntar cada uma delas, dando imensa atenção em reunir e combinar tudo no fluxo da junção. [...] Tais parecem ser as características deste estilo. Como exemplos de poetas, cito Hesíodo, Safo e Anacreonte; na prosa, Isócrates de Atenas e seus seguidores."

43) Dionísio de Halicarnasso, *Da composição* 23:
"Apresento como exemplos desse estilo [refinado e florido], to-

---

[17] Provavelmente ativo em torno de 140 a.C.

[18] Cálias deve ter produzido em torno de 200 a.C.

mando Safo entre os poetas e Isócrates entre os oradores. Começarei pela cancionista:

[cita frag. 1]¹⁹

A eloquência e graça da expressão reside na continuidade e suavidade das junções. As palavras são dispostas e entrelaçadas umas às outras segundo as afinidades e relações naturais das letras."

44) Meléagro, *Antologia Palatina* 4.1.5-6:

Trança muitos lírios de Anite, muitos de Mero,
    brancos e as rosas também, parcas que Safo nos deu.

45) Demétrio, *Do estilo* 132:
"As graças por vezes são parte do tema, tal como os jardins das ninfas, himeneus, amores, toda a poesia de Safo."

46) Menandro, *Da retórica epidíctica* 9.268 Walz:
"[Sobre os amores dos deuses,] muito encontra em poetas e historiadores, onde você pode achar fartura de assunto; mas você vai citar também os amores de Safo, Homero e Hesíodo."

47) Menandro, *Da retórica epidíctica* 9.132, 135 ss. Walz:
"Os hinos cléticos [de invocação] são como muitos dos de Safo, ou de Anacreonte, ou de outros metrificadores, e têm invocações aos deuses [...] A medida na poesia dos hinos é alongada. Pois é possível invocar os deuses de muitos lugares, como costumamos encontrar em Safo e Álcman. A Ártemis convocam de uma miríade de montes, miríade de cidades, bem como de rios; a Afrodite de Chipre, de Cnido, da Síria e de muitos outros lugares. E mais, podem descrever os próprios lugares; quando invocam de rios, a água e as margens, os campos e coros realizados junto aos rios, etc.; o mesmo vale se invocarem de templos; por isso os hinos cléticos são necessariamente longos."

48) Apuleio, *Apologia* 9:
"Outros porém fizeram tais coisas [poesia amorosa]; entre os gre-

---

¹⁹ Como já foi mencionado, esta é a fonte da principal versão do único poema completo de Safo.

gos um homem de Teos [Anacreonte], um da Lacedemônia [Álcman] e um de Ceos [Simônides], além de inúmeros outros; também a mulher de Lesbos [Safo], de fato lasciva, escreveu com tanta graça, que nos reconcilia com a estranheza do dialeto pela doçura das canções."

49) Ovídio, *Tristia* 2.363-5:

>   Para além de fundirmos Vênus com vinho abundante
>   que conselhos o tal velho de Teos nos deu?[20]
>   Que ensinara Safo às meninas, senão os amores?

50) Himério, *Orações* 28.2:
"Somente Safo entre as mulheres amou a beleza junto com a lira e assim dedicou toda sua poesia a Afrodite e aos Amores, fazendo da beleza e da graça de uma virgem o pretexto de suas canções."

51) Horácio, *Odes* 4.9.9-12:

>   e nada que antes Anacreonte fez
>   o tempo apaga; alenta-se ainda o amor,
>   e vive cada ardor entregue
>   para os cordões da garota eólia.

52) Temístio, *Orações* 13.170d-171a:
"Concedemos que Safo e Anacreonte sejam desmedidos e além da medida nos louvores de suas crianças."

53) Filodemo, *Antologia Palatina* 5.132.7-8:

>   Ela é osca, e se chama Flora e nunca recita
>   Safo?

54) Catulo, 36.16-17:

>   a menina mais sabida
>   do que a Musa de Safo

---

[20] O velho de Teos é Anacreonte.

54) Antípater de Tessalônica, *Antologia Palatina* 7.15:

> Tenho por nome Safo, no canto supero as mulheres
>   como o Meônida assim homens no verso venceu.

56) Dioscórides, *Antologia Palatina* 7.407:

> Doce suporte de amores para os jovens amantes,
>   Safo, que as Musas vêm junto à Piéria ou
> o Hélicon cheio de heras para louvar, teu alento
>   chega ao deles, ó Musa de eólico chão.
> Hímen, o deus Himeneu, agita os archotes dos noivos,
>   pois assim com você junto do tálamo está.
> Ao rebento de Cíniras, quando Afrodite o lamenta,
>   junto chora você vendo os alegres do além.
> Salve, senhora, como aos deuses, pois temos ainda
>   tua prole imortal, notas das tuas canções.

57) Anônimo, *Antologia Palatina* 9.189:

> Venham ao lindo precinto de Hera com olhos-de-touro,
>   lésbias, e rodem os pés numa passada sutil,
> dancem o belo coro da deusa; para guiar-lhes,
>   Safo logo trará lira dourada nas mãos.
> Abençoadas no gozo da dança! Quase acreditam
>   que Calíope aqui mostra seus hinos de mel.

58) Platão, *Antologia Palatina* 9.506:

> Nove são as Musas, dizem, mas quanto descuido!
>   Safo de Lesbos será sempre a de número dez.

59) Tzetzes, *Sobre os metros de Píndaro* 20-2:

> E como o tempo em seu passar aniquilou
> a Safo e obras de Safo, a lira e as canções,
> a você dou por exemplos alguns outros versos.

60) Platão, *Fedro* 235b:

"SÓCRATES — [...] Acho que ouvi isso de alguém, da bela Safo ou do sábio Anacreonte, ou de algum dos historiadores. [...]"

61) Galeno, *Como os costumes da alma seguem os temperamentos do corpo* 2:

"Por exemplo, se disserem que tal palavra foi feita pelo poeta ou pela poetisa, todos sabemos que o poeta é Homero e a poetisa Safo."

62) Pseudo-Longino, *Do sublime* 10:

"Safo, por exemplo, trata dos sofrimentos que acompanham a loucura amorosa a partir das circunstâncias e da própria realidade. E como ela revela sua excelência? Porque prodigiosamente seleciona e recombina os ápices e as intensidades:

[cita o frag. 31][21]

Não é espantoso ver como, num só momento, ela convoca a alma, o corpo, os ouvidos, a língua, os olhos, a pele, com se fossem alheios e lhe escapassem e como, por contraposição, ela gela e queima, desrazoa e raciocina, pois tem medo e beira a morrer, de modo que nela não há vislumbre de apenas um afeto, mas de um conjunto de afetos? Tudo isso acontece com quem ama; mas, como eu já disse, foi a escolha dos ápices e a combinação numa unidade que gerou sua excepcionalidade."

63) Catulo 51:

> Ele me parece divino mesmo,
> ele — não blasfemo — supera os deuses,
> quando então sentado na tua frente
>   te olha e te escuta
>
> num sorriso doce e assim me arranca
> todos os sentidos; e mal te vejo,
> Lésbia, logo sinto que já não resta
>   voz no que falo,

---

[21] Como já foi mencionado em nota ao frag. 31, é desta citação que temos o fragmento mais famoso de Safo.

mas a língua trava, uma tênue flama
mana sob os membros, em som sozinho
rui ouvido, cobre-se em gêmea noite a
    luz dos meus olhos.

O ócio, meu Catulo, te faz miséria,
no ócio é que você exagera, exulta,
o ócio no passado arrasava ricos
    reis e cidades.[22]

---

[22] Este poema catuliano é uma clara recriação do frag. 31 de Safo, caso excepcional na Antiguidade.

Índice de nomes

Este índice diz respeito apenas aos fragmentos diretos do *corpus* sáfico; por isso não contempla as "Alusões e referências de outros autores", nem os "Testemunhos da Antiguidade".

Abântis, 85, 583
Adônio, 561
Adônis, 383, 439
Afrodite, 29, 115, 215, 251, 271, 295, 323, 369, 517, 559, 583
Algesidoro, 455
Amor, 143, 151, 363, 421
Anactória, 59
Andrômaca, 139, 141
Andrômeda, 197, 203, 251, 365, 369, 513
Antiau, 65
Aqueronte, 197, 265
Ares, 321, 545
Arista, 531
Arqueanassa, 509, 521
Ártemis, 143, 237
Ásia, 139
Átis, 45, 155, 251, 269, 365, 527, 575
Atrida, 65
Aurora, 41, 181, 299, 307, 349, 417, 461

Calíope, 351, 523
Caraxo, 95, 511
Chipre, 85, 95, 119, 139, 197
Cilene, 517
Cípria, 517
Cípris, 33, 57, 73, 99, 301, 597
Ciprogênia, 371
Citereia, 241, 251, 383
Cléanax, 277
Cleís, 275, 367
Coeu, 143
Craníades, 521
Creta, 33
Crônio, 143
Crono, 299, 579
Dânao, 517
Dica, 231
Dórica, 43, 57
Ega, 451
Etópia, 531
Febo, 143
Fócia, 287
Gelo, 441, 467

Geresteu, 271
Girino, 105, 233, 251
Gôngula, 85, 265, 511, 523
Gorgo, 105, 301, 391, 509
Graças, 143, 165, 231, 299, 359
Grineia, 279
Hades, 169
Héctor, 471
Heitor, 139, 141
Helena, 59, 89
Hera, 65, 95
Hermes, 265, 385
Hermíone, 89
Hermóclides, 531
Hímen, 561
Himeneu, 321
Idau, 139
Ílion, 65
Irana, 253, 373
Jônia, 275
Lárico, 95, 97
Leda, 435
Lesbos, 311
Leto, 251, 279, 387, 531
Lídia, 59, 127, 367
Mális, 551
Medeia, 483
Medo, 545
Mégara, 203
Menisco, 535
Mica, 211
Mitilene, 523
Mnasídica, 233
Mnásis, 287
Musas, 143, 177, 181, 299, 357, 359, 403, 485

Nereidas, 73
Níobe, 387
Olimpo, 95, 101
Pã, 69
Pafos, 119
Pandíon, 373
Panormo, 119
Peã, 141
Pélagon, 535
Pentileia, 211
Péramo, 139
Perséfone, 533
Piérides, 299
Plácia, 139
Plêiades, 443
Polianáctida, 279, 281, 413, 511
Safo, 29, 197, 261, 369, 511, 513, 523
Sardes, 269, 275
Saunaíada, 531
Sedução, 251, 271
Sol, 541
Sonho, 193
Tebas, 139, 551
Telesipa, 243
Tímade, 533
Tindárida, 203
Tione, 65
Titono, 181
Troia, 59
Ventura, 597
Vésper, 307
Véspero, 561
Zéfiro, 251
Zeus, 29, 65, 95, 165, 279, 597

Referências bibliográficas

ADRADOS, Francisco Rodríguez. *Lírica griega arcaica (poemas corales y monódicos, 700-300 a.C.)*. Madri: Gredos, 1986 (Biblioteca Clásica Gredos 31).

ALVIM, Pedro. *Safo de Lesbos*. São Paulo: Ars Poetica, 1992.

ANTUNES, Alvaro A. *Safo: tudo que restou*. Além Paraíba: Interior Edições, 1987.

ANTUNES, Leonardo. *Ritmo e sonoridade na poesia grega antiga: uma tradução comentada de 23 poemas*. São Paulo: Humanitas, 2011.

BATTISTINI, Yves. *Poétesses grecques: Sapphô, Corinne, Anytè...* Paris: Imprimerie Nationale, 1998.

BIERL, Anton; LARDINOIS, André (orgs.). *The Newest Sappho: P. Sapph. Obbink and P. GC inv. 105, frs. 1-4*. Studies in Archaic and Classical Greek Song, vol. 2. Leiden/Boston: Brill, 2016.

BRASIL FONTES, Joaquim. *Eros, tecelão de mitos: a poesia de Safo de Lesbos*. São Paulo: Iluminuras, 2003 [1991].

BRUNET, Philippe. *Sappho, poèmes et fragments*, texte établi et traduit par Philippe Brunet. Paris: L'Âge d'Homme, 1991.

BUDELMANN, Felix (org.). *Cambridge Companion to Greek Lyric*. Cambridge: Cambridge University Press, 2009.

BURRIS, Simon; FISH, Jeffrey; OBBINK, Dirk. "New Fragments of Book 1 of Sappho". *Zeitschrift für Papyrologie und Epigraphik*, n° 189, 2014, pp. 1-28. <https://newsappho.files.wordpress.com/2015/01/zpe-189-burris-fish-obbink.pdf>.

CAMPBELL, David. *Greek Lyric I: Sappho and Alcaeus*. Harvard: Harvard University Press, 1994 [1990] (Loeb 142).

_____. *Greek Lyric Poetry: A Selection of Early Greek Lyric, Elegiac and Iambic Poetry*. Londres: Bristol, 2003 [1982].

Campos, Haroldo de. *Crisantempo: no espaço curvo nasce um*. São Paulo: Perspectiva, 1998.

Carson, Anne. *If Not, Winter. Fragments of Sappho*. Nova York: Random House, 2003.

Dagnini, Ilaria. *Saffo: poesie*. Roma: Grandi Tascabili Economici Newton, 1991 [1982].

Ferraté, Juan. *Líricos griegos arcaicos*. Barcelona: Acantilado, 2000.

Gentili, Bruno; Lomiento, Liana. *Metrica e ritmica: storia delle forme poetiche nella Grecia antica*. Milão: Mondadori Università, 2003.

Gentili, Bruno; Catenacci, Carmine. *I poeti del canone lirico nella Grecia antica*. Milão: Feltrinelli, 2010.

Greene, Helen; Skinner, Marilyn B. (orgs.). *The New Sappho on Old Age: Textual and Philosophical Issues*. Cambridge: Harvard University Press, 2010. <http://chs.harvard.edu/CHS/article/display/6047>.

Guidorizzi, Guido. *Lirica monodica: Saffo, Alceo, Anacreonte, Ibico (Lirici greci II)*. Milão: Mondadori, 1993.

Haddad, Jamil Almansur. *Safo: lírica*. São Paulo: Cultura, 1942.

Hardie, Alex. "Sappho, the Muses, and Life after Death". *Zeitschrift für Papyrologie und Epigraphik*, nº 154, 2005, pp. 13-32.

Hutchinson, G. O. *Greek Lyric Poetry: A Commentary on Selected Larger Pieces*. Oxford: Oxford University Press, 2001.

Lobel, Edgar; Page, Denys (orgs.). *Poetarum Lesbiorum Fragmenta*. Oxford: Oxford University Press, 1997 [1955].

Martins, Albano. *O essencial de Alceu e Safo*. Brasília: Imprensa Nacional, 1986.

Neri, Camillo; Cinti, Federico. *Saffo: poesie, frammenti e testimonianze. La prima traduzione italiana di tutti i frammenti anche inediti e tutte le testimonianze. Introduzione, nuova traduzione e commento a cura di Camillo Neri e Federico Cinti*. Ariccia: RL, 2017.

Obbink, Dirk. "Two New Poems by Sappho". *Zeitschrift für Papyrologie und Epigraphik*, nº 189, 2014, pp. 32-49. <https://newsappho.files.wordpress.com/2015/01/zpe-189-obbink.pdf>.

_____. "Provenance, Authenticity, and Text of the New Sappho Papiry". Comunicação apresentada na Society for Classical Studies. Painel "New Fragments of Sappho", New Orleans, LA, 9 de janeiro de 2015. <www.papyrology.ox.ac.uk/Fragments/SCS.Sappho.2015.Obbink.paper.pdf>.

PAGE, Denys. *Sappho and Alcaeus: An Introduction to the Study of Ancient Lesbian Poetry*. Oxford: Oxford University Press, 1970 [1959].

PIGNATARI, Décio. *31 poetas, 214 poemas: do Rigveda e Safo a Apollinaire*. Campinas: Editora Unicamp, 2007 [1996].

POWELL, Jim. *The Poetry of Sappho*, translation and notes by Jim Powell. Oxford: Oxford University Press, 2007.

QUASIMODO, Salvatore; SAVINO, Ezio. *Saffo: liriche e frammenti*. Milão: Universale Economica Feltrinelli, 2008 [2002].

RAGUSA, Giuliana. *Fragmentos de uma deusa: a representação de Afrodite na lírica de Safo*. Campinas: Editora Unicamp, 2005.

_____. *Safo de Lesbos: Hino a Afrodite e outros poemas*. São Paulo: Hedra, 2011.

_____. *Lira grega: antologia da poesia arcaica*, organização e tradução de Giuliana Ragusa. São Paulo: Hedra, 2013.

RAYOR, Diane J.; LARDINOIS, André. *Sappho: A New Translation of the Complete Works*. Oxford: Oxford University Press, 2014.

SILVA RAMOS, Péricles Eugênio da. *Poesia grega e latina*. São Paulo: Cultrix, 1964.

TORRANO, Jaa. *Safo de Lesbos: três poemas*. Rio de Janeiro: Ibis Libris, 2009.

TORRES, Daniel Alejandro. "Un nuevo poema de Safo, la Olímpica 14 de Píndaro y la función escatológica del canto poético". In: ATIENZA, Alicia, *et al.* (orgs.). *Nóstoi: estudios a la memoria de Elena Huber*. Buenos Aires: Eudeba, 2012, pp. 373-80.

VIEIRA, Trajano. *Lírica grega, hoje*. São Paulo: Perspectiva, 2017.

VOIGT, Eva-Maria. *Sappho et Alcaeus. Fragmenta*. Amsterdã: Athenaeum/Polak & Van Gennep, 1971.

WEST, Martin L. "A New Sappho Poem". *Times Literary Supplement*, nº 5334, 24/6/2005.

Safo segurando um bárbito,
vaso ático de cerâmica de figuras vermelhas, *c*. 480-470 a.C.,
Kunstsammlungen der Ruhr-Universität, Bochum, Alemanha.

Sobre Safo

Não sabemos praticamente nada sobre Safo, talvez a mais importante poeta da Antiguidade. Ela deve ter vivido na virada dos séculos VII-VI a.C., na ilha grega de Lesbos, próxima à costa da Ásia Menor. Como compositora de poesia mélica, ou lírica, fazia do canto acompanhado da lira a sua arte, talvez vinculada a um grupo de jovens garotas da cidade de Mitilene, capital da ilha, algumas das quais ela menciona em seus poemas, como Átis e Gôngula.

Segundo cronistas antigos, ela teria nascido em Éreso, ou Mitilene, seria filha de Cleís e Escamandro, ou Escamandrônimo, e teve três irmãos, Caraxo, Eurígio e Lárico, além de uma filha, também chamada Cleís. Caraxo seria mercador, e Lárico, um jovem que libava vinho no pritaneu de Mitilene, função exercida apenas por membros de famílias aristocráticas. É possível que, por divergências políticas, ela tenha se exilado por volta de 590 a.C. na Sicília, possivelmente em Siracusa. Foi contemporânea de Alceu, também de Lesbos, e com ele integrou a plêiade helenística dos nove poetas líricos. Uma tradição posterior, bastante fantasiosa, registra que ela morreu ao se atirar de um penhasco em Lêucade, ilha do mar Jônico, por causa do amor não correspondido pelo mitileno Fáon.

Sua obra foi compilada em nove livros pelos estudiosos da Biblioteca de Alexandria, no início do século III a.C., mas todas as cópias se perderam, permanecendo somente as citações de comentadores, pedaços de papiros e algumas inscrições. É a partir dessa pessoa praticamente desconhecida e desses parcos registros que se organiza todo o *corpus* da poesia sáfica, constituído por cerca de duzentos fragmentos e apenas um poema completo, conhecido como "Hino a Afrodite".

Sobre o tradutor

Guilherme Gontijo Flores nasceu em Brasília, em 1984. É poeta, tradutor e professor de Latim na Universidade Federal do Paraná. Publicou os livros de poesia *brasa enganosa* (Patuá, 2013), *Tróiades* (Patuá, 2015, site www.troiades.com.br), *l'azur Blasé* (Kotter/Ateliê, 2016), *ADUMBRA* (Contravento, 2016), *Naharia* (Kotter, 2017) e *carvão : : capim* (Editora 34, 2018), além do romance *História de Joia* (Todavia, 2019). Como tradutor, publicou, entre outros: *A anatomia da melancolia*, de Robert Burton (4 vols., Editora UFPR, 2011-2013, vencedor dos prêmios APCA e Jabuti de tradução), *Elegias de Sexto Propércio* (Autêntica, 2014, vencedor do Prêmio Paulo Rónai de tradução, da Fundação Biblioteca Nacional), *Fragmentos completos de Safo* (Editora 34, 2017, vencedor do Prêmio APCA de tradução) e *Epigramas de Calímaco* (Autêntica, 2019). Foi um dos organizadores da antologia *Por que calar nossos amores? Poesia homerótica latina* (Autêntica, 2017). É coeditor do blog e revista *escamandro: poesia tradução crítica* (www.escamandro.wordpress.com). Nos últimos anos vem trabalhando com tradução e performance de poesia antiga e participa do grupo Pecora Loca.

Este livro foi composto em Sabon e
Cardo, pela Bracher & Malta, com
CTP e impressão da Edições Loyola
em papel Pólen Soft 70 g/m² da Cia.
Suzano de Papel e Celulose para a
Editora 34, em maio de 2020.